ACT(수용·전념치료)의 100가지 핵심 개념과 기법

ACCEPTANCE AND COMMITMENT THERAPY: 100 Key Points and Techniques by Richard Bennett, Joseph Oliver
Copyright © 2019 Richard Bennett and Joseph E. Oliver
All rights reserved.
Authorised translation from English language edition published by Happy Han-Ga in 2022 by arrangement with Routledge, a member of the Taylor & Francis Group through KCC (Korea Copyright Center Inc.), Seoul.

이 책은 ㈜한국저작권센터(KCC)를 통한 저작권자와의 독점계약으로 해피한가에서 출간되었습니다. 저작권법에 의해 한국 내에서 보호를 받는 저작물이므로 무단전재와 복제를 금합니다.

수용전념치료

ACT의 100가지
핵심 개념과 기법

ACCEPTANCE AND COMMITMENT THERAPY:
100 KEY POINTS AND TECHNIQUES

리처드 베넷, 조셉 E. 올리버 지음
나경세 옮김

해피한가

◆ 이 책에 쏟아진 찬사들 ◆

    이 책은 ACT를 ACT답게 만드는 핵심 개념과 기법, 즉 고통과 괴로움을 감소시키기 위해 인간 행동을 변화시키고 자신이 원하는 미래를 지향하도록 재설정하는 인간적이고 효과적인 방식을 명확하고 간결하게 보여 준다. 이 책의 목적은 단순하다. 바로 ACT가 어떤 모습인지, 어떤 용어로 그 모습을 설명하는지, 그것이 어떤 과학적 기반 위에 있는지 보여 주는 것이다. 이 방식은 효과가 좋고 신선하다. 이 책은 임상적 문제의 복잡성을 다루는 동시에 유용하고 알기 쉽고 창의적인 많은 도구를 제공함으로써, 임상가가 복잡한 임상적 문제에 너무 위축되지 않게 영감을 불어넣는다. ACT에서 사용하는 기법을 더 알아보고자 하는 임상가뿐만 아니라 ACT에 관심이 있는 모든 사람에게 이 책을 적극 추천한다.

    - **이본느 반즈-홈즈**Yvonne Barnes-Holmes 박사, 겐트 대학교 실험-임상 및 건강심리학과 행동분석학 부교수, 관계구성틀모형 이론의 선도 연구자

    나는 이 책이 ACT의 고전들과 동일한 반열에 올라설 만한 가치가 있다고 생각한다. 이렇게 쉬운 말로 맥락행동과학의 과학과 실제를 설명한 책은 이제껏 처음이기 때문이다. 이것은 내가 이 주제에 관심이 있는 학생들에게 추천하는 첫 번째 책이 될 것이다.

    - **닉 후퍼**Nic Hooper 박사, 웨스트잉글랜드 대학교 부교수, 『ACT 연구의 여정The Research Journey of ACT』공저자, 연간 『가치 있는 행동 다이어리Diary for Valued Action』공동 개발자

이 책은 ACT의 지혜를 활용하고자 하는 모든 수련생과 전문가의 필독서가 될 것이다. 모든 임상 환경(개인치료, 집단치료, 상담, 코칭, 단체나 조직 차원에서의 개입 등)의 치료자들이 이 책을 통해 핵심적인 이론적 개념과 실용적 이슈를 쉽게 참조할 수 있다. 저자들은 책의 중심을 이루는 ACT의 세 가지 주요 영역을 머리(이론과 개념에 대한 지식), 손(실용적 기술과 기법), 가슴(자신과 다른 사람의 경험 및 그와 관계 맺는 방식)에 영리하게 담았다. 이 책은 이 분야를 선도하는 저자들이 만들어 낸 아주 멋진 작품이다.

- **루이즈 맥휴**Louise McHugh 박사, 유니버시티 칼리지 더블린 부교수, 『자기와 조망수용: 현대 행동과학의 공헌과 적용The Self and Perspective Taking: Contributions and Applications from Modern Behavioral Science』 공동 편집자

단연 돋보이는 책. 빈틈없고, 풍부하고, 명확하고, 실용적이다. 이 책은 필수적인 이론적 기초와 실용적 기술은 물론이고, 이를 상황에 맞게 활용할 수 있는 지침까지 제공한다. 입문자는 이 책을 통해 단순히 ACT에 대해 '알아보는' 데 그치지 않고, 실제로 ACT를 잘 시행하는 데 필요한 것을 배울 수 있다. 숙련자는 책의 어느 쪽이든 펼쳐서 새로운 통찰, 기법, 깊이 생각할 만한 아이디어를 찾아볼 수 있다. 처음부터 끝까지 정독하든 필요한 부분만 골라서 읽든, ACT에 관심이 있는 사람이라면 이 책을 책장에 두고 찾아볼 것이다.

- **레이 오웬**Ray Owen 박사, 컨설턴트 임상심리학자, 건강심리학자, 동료심사 ACT 트레이너, 『폭풍을 마주하기Facing the Storm』와 『적과 함께 살아가기Living with the Enemy』 저자

◆ 역자 서문 ◆

　수용전념치료Acceptance and Commitment Therapy, ACT는 국내외적으로 널리 알려지고 연구된 치료 기법으로, 다양한 환경과 상황에서 훌륭한 효과를 보인다. 그만큼 우리나라에서도 ACT에 대한 책이 많이 나와 있다. '이미 좋은 책이 많이 있는데 굳이 거기에 또 다른 책을 더하는 것이 무슨 의미가 있을까?' 역자가 이 책을 제목만 봤을 때 들었던 생각이었다. 하지만 호기심에 책의 본문을 읽어 가면서 '굳이 또'라는 생각과 멀어지고 기꺼이 번역하려는 마음이 들기 시작했다.

　이 책은 지금까지 국내에 나와 있는 대부분의 ACT 책들과는 달리, 각 장별로 ACT의 중요한 개념, 이론, 실천 등을 2-3쪽 정도의 분량으로 설명하고 있다. 그 덕분에 초심자도 쉽게 ACT에 대한 감을 잡을 수 있다. 초심자는 이 책만 봐도 ACT란 무엇이며, 어떤 마음가짐을 가지고 시행하고, 어떤 방식으로 진행하며, 주된 내용은 무엇인지에 대해 손에 잡히게 이해할 수 있다. 이 책을 읽고 나서 종합적인 텍스트로 넘어간다면 ACT를 훨씬 더 효율적이고 쉽게 터득해 나갈 수 있을 것이다.

　숙련자는 이 책의 내용을 자신이 알고 있는 개념·지식과 비교하고 살펴봄으로써 인식의 지평을 넓힐 수 있다. 또한 이미 ACT의 기본 텍스트로 사용하는 책이 있는 상태에서 개념 정리 용도로 이 책을 함께 참조한다면, 임상 현장에서 치료를 진행하는 데 매우 큰 도움이 될 것이다. 이러한 여러 장점 덕분에 역자 역시 닉 후퍼Nic Hooper 박사가 말한 대로 이 책이

ACT의 고전들과 동일한 반열에 올라설 만한 가치가 있다고 생각한다.

이 책에서 저자들은 크게 세 가지 맥락에서 '우리'를 사용한다. 하나는 저자들 자신을 지칭하고, 다른 하나는 치료자 일반을 지칭하며, 나머지 하나는 사람 일반을 지칭한다. 읽으면서 맥락에 따라 각각의 의미를 잘 구분할 수 있었으면 한다. 각주는 기본적으로 저자 주석이며, 역자의 주석이 필요한 곳에는 '역주' 표기를 하였으니 참고하기 바란다.

◆ 차례 ◆

이 책에 쏟아진 찬사들 4
역자 서문 6
차례 8
감사의 말 14
서론 15

1부 — 머리 HEAD

1   ACT의 머리: 철학과 이론 THE HEAD OF ACT - PHILOSOPHY AND THEORY   19

핵심 행동 원리 KEY BEHAVIOURAL PRINCIPLES

2   CBT의 'B' THE 'B' IN CBT   22
3   연합학습 LEARNING BY ASSOCIATION   24
4   결과에 의한 학습 LEARNING BY CONSEQUENCE   26
5   욕구통제와 혐오통제 APPETITIVE AND AVERSIVE CONTROL   29
6   기능맥락주의 FUNCTIONAL CONTEXTUALISM   31
7   실용적 진실 A PRAGMATIC TRUTH   33
8   행동의 기능 THE FUNCTION OF BEHAVIOUR   35
9   기능 vs 형태 FUNCTION VERSUS FORM   37
10   맥락의 중요성 THE IMPORTANCE OF CONTEXT   39

11	언어와 인지를 통한 학습 LEARNING THROUGH LANGUAGE AND COGNITION	41

관계구성틀이론 RELATIONAL FRAME THEORY (RFT)

12	RFT의 배경 BACKGROUND TO RFT	44
13	관계반응 RELATIONAL RESPONDING	46
14	다양한 관련짓기 방식 DIFFERENT WAYS OF RELATING	48
15	자극기능의 변형 TRANSFORMATION OF STIMULUS FUNCTIONS	51
16	일관성 COHERENCE	53
17	선물이자 저주로서의 언어 LANGUAGE AS A GIFT AND A CURSE	55
18	통제라는 환상 THE ILLUSION OF CONTROL	57
19	경험회피 EXPERIENTIAL AVOIDANCE	59
20	인지융합 COGNITIVE FUSION	61
21	규칙지배행동 RULE-GOVERNED BEHAVIOUR	63

ACT의 핵심 과정 KEY PROCESSES IN ACT

22	ACT의 대상 THE TARGETS OF ACT	66
23	심리적 유연성 PSYCHOLOGICAL FLEXIBILITY	68
24	변별과 추적 DISCRIMINATION AND TRACKING	70
25	행동 레퍼토리 확대하기 WIDENING BEHAVIOURAL REPERTOIRES	72
26	과정을 중시하기 A FOCUS ON PROCESS	74
27	헥사플렉스 모형 THE HEXAFLEX MODEL	76
28	현재 순간과의 접촉 CONTACT WITH THE PRESENT MOMENT	79
29	맥락으로서의 자기 SELF-AS-CONTEXT	81
30	수용 ACCEPTANCE	83
31	탈융합 DEFUSION	85
32	가치 VALUES	88
33	전념행동 COMMITTED ACTION	91

2부 — 손 HANDS

34 ACT의 손 - 기법과 실천 THE HANDS OF ACT - TECHNIQUE AND PRACTICE 95

평가와 공식화 ASSESSMENT AND FORMULATION

35 인지행동치료로서 ACT ACT AS A COGNITIVE BEHAVIOURAL THERAPY 98
36 경험학습 EXPERIENTIAL LEARNING 100
37 은유의 활용성 THE UTILITY OF METAPHOR 102
38 과정에 초점을 유지하기 RETAINING A PROCESS FOCUS 105
39 개방성, 알아차림, 능동성 OPEN, AWARE, AND ACTIVE 107
40 초점화된 평가 FOCUSED ASSESSMENT 110
41 창조적 절망감 CREATIVE HOPELESSNESS 113
42 효용성 WORKABILITY 115
43 ACT 모형 공유 SHARING THE ACT MODEL 117
44 지속 순환주기 MAINTENANCE CYCLES 120
45 다가가고 물러나는 움직임 TOWARDS AND AWAY MOVES 122
46 ACT 매트릭스 THE ACT MATRIX 124

ACT 과정을 진행하는 기법 TECHNIQUES FOR MOVING ACT PROCESSES

47 현재 순간과의 접촉 기법 CONTACT WITH THE PRESENT MOMENT TECHNIQUES 128
48 작은 'm'과 마음챙김 MINDFULNESS WITH A SMALL 'm' 130
49 정식 마음챙김 연습 FORMAL MINDFULNESS EXERCISES 133

50 맥락으로서의 자기 기법 SELF-AS-CONTEXT TECHNIQUES 136

51 '하늘과 날씨' 연습 THE 'SKY AND WEATHER' EXERCISE 138

52 조망수용 PERSPECTIVE TAKING 140

53 수용 기법 ACCEPTANCE TECHNIQUES 143

54 줄다리기 연습 THE 'TUG OF WAR' EXERCISE 145

55 '차이니즈 핑거 트랩' 연습 THE 'CHINESE FINGER TRAPS' EXERCISE 148

56 탈융합 기법 DEFUSION TECHNIQUES 151

57 '나는 … 라는 생각을 하고 있다.' 'I'M HAVING THE THOUGHT THAT…' 153

58 체화 연습 PHYSICALISING EXERCISES 155

59 가치 기법 VALUES TECHNIQUES 157

60 '최고의 순간 10가지' 연습 THE 'TOP TEN MOMENTS' EXERCISE 159

61 대안적 '기적질문' AN ALTERNATIVE 'MIRACLE QUESTION' 161

62 전념행동 기법 COMMITTED ACTION TECHNIQUES 164

63 '가치, 목표, 실천' 연습 THE 'VALUES, GOALS, AND ACTIONS' EXERCISE 166

64 노출과 억제학습 EXPOSURE AND INHIBITORY LEARNING 168

개입 구조화 STRUCTURING INTERVENTION

65 회기 과정 구조화 STRUCTURING A COURSE OF SESSIONS 172

66 단일 회기 구조화 STRUCTURING A SINGLE SESSION 175

67 중심 은유 사용 USING OVERARCHING METAPHORS 177

68 '버스 안의 승객들' 연습 THE 'PASSENGERS ON THE BUS' EXERCISE 179

69 '인생경로 단계' 연습 THE 'LIFELINE STEPS' EXERCISE 181

3부 — 가슴 HEART

70 ACT의 가슴 - 맥락, 전략, 과정 THE HEART OF ACT - CONTEXT, STRATEGY, AND PROCESS 187

맥락에서의 ACT ACT IN CONTEXT

71 인간의 괴로움은 질병이 아니다 HUMAN SUFFERING IS NOT A DISEASE 190
72 인간의 기본 요건 FUNDAMENTAL HUMAN REQUIREMENTS 192
73 내담자는 고장 난 것이 아니라 갇힌 것이다 OUR CLIENTS ARE STUCK, NOT BROKEN 194
74 치료적 입장 THE THERAPEUTIC STANCE 196
75 문화적 맥락에서 ACT ACT IN A CULTURAL CONTEXT 198
76 ACT와 의료모형 ACT AND THE MEDICAL MODEL 200

실전 의사결정 MAKING DECISIONS IN PRACTICE

77 과정 혹은 프로토콜? PROCESS OR PROTOCOL? 203
78 회기 중 기능분석의 활용 USING FUNCTIONAL ANALYSIS IN SESSION 205
79 기능분석정신치료 FUNCTIONAL ANALYTIC PSYCHOTHERAPY 207
80 모델링, 개시, 강화 MODEL, INITIATE, REINFORCE 209
81 치료자-내담자 간의 등위성 증진 PROMOTING PRACTITIONER-CLIENT CO-ORDINATION 211
82 말보다 행동 DOING OVER TALKING 213
83 형태보다 기능 FUNCTION OVER FORM 215

84 내용보다 맥락 CONTEXT OVER CONTENT 217

85 진실보다 실용주의 PRAGMATISM OVER TRUTH 219

86 더하면서 작업하기 WORKING BY ADDITION 221

87 행동을 줄이기보다 늘리기 INCREASING BEHAVIOUR OVER REDUCING BEHAVIOUR 223

88 목표보다 가치 VALUES OVER GOALS 225

89 가치가 규칙이 되지 않게 하기 ENSURING VALUES DO NOT BECOME RULES 227

90 은유 정하기 TARGETING METAPHORS 229

치료적 과정에서의 이슈 ISSUES WITHIN THE THERAPEUTIC PROCESS

91 통제와 회피가 좋을 때 WHEN CONTROL AND AVOIDANCE MIGHT BE GOOD 232

92 자기개방 SELF-DISCLOSURE 234

93 현재에 머무르기 STAYING PRESENT 237

94 치료자 융합을 알아차리기 AWARENESS OF THERAPIST FUSION 239

95 '해결하기' 함정을 피하기 STEERING CLEAR OF THE 'FIX-IT' TRAP 242

96 힘든 감정과 함께하기 STAYING WITH DIFFICULT EMOTIONS 244

97 자기회의를 사랑하는 법 배우기 LEARNING TO LOVE YOUR SELF-DOUBT 246

98 모형을 모델링하기 MODELLING THE MODEL 248

99 '딴생각 알아차리고 되돌아오기' 연습 THE 'ON TRACK, OFF TRACK' EXERCISE 251

100 모형 충실도 유지 MAINTAINING FIDELITY TO THE MODEL 254

슈퍼비전 워크시트 SUPERVISION WORKSHEET 256

참고문헌 258
찾아보기 262

◆ 감사의 말 ◆

우리는 ACT 및 맥락행동과학 커뮤니티에 속한 모든 이의 도움 덕분에 우리가 시행하는 치료에 대한 생각을 정리할 수 있었다. 이 책에 나온 많은 생각과 개념은 다른 이로부터 영감을 얻은 것이다. 하지만 우리 커뮤니티의 오픈 소스 정신으로 인해, 그러한 생각과 개념의 정확한 유래를 전부 확인할 수는 없었다. 가능한 경우에는 개발자의 이름을 명시하였으며, 이들을 비롯해 그동안 우리를 도와준 모든 이에게 마음에서 우러나는 깊은 감사를 표하고 싶다.

♦ 서론 ♦

　이 책을 쓰고 있는 시점을 기준으로, 수용전념치료Acceptance and Commitment Therapy, ACT('A.C.T.'라고 끊지 않고 하나의 단어인 '액트Act'라고 발음한다)의 첫 책이 출판된 지 거의 20년이 흘렀다. 그동안 ACT는 약 250개의 무작위 대조군 연구와 30개의 체계적 고찰 및 메타분석에 달하는 상당한 수준의 근거를 갖추게 됐다. ACT는 신체건강, 정신건강을 다루는 개인치료, 팀과 조직 업무, 사회 및 공중보건 문제 해결에 이르기까지 실로 광범위한 영역에서 그 효과가 입증됐다.
　『100가지 핵심 개념과 기법100 Key Points and Techniques』 시리즈에서 ACT에 대한 내용을 집필할 수 있는 기회를 준 총괄 편집자 윈디 드라이든 Windy Dryden 교수님께 깊은 감사를 전하고 싶다. ACT가 빠르게 발전하는 것을 고려하면 이는 시의적절한 것이었다. 다른 사람을 돕기 위한 노력의 일환으로 ACT 모형을 활용하고자 하는 사람이라면 누구나 이 책을 통해서, 핵심적인 이론적 개념과 실전에서 생각해 볼 내용을 쉽게 찾아볼 수 있을 것이다. 우리는 이 책을 ACT의 머리head, 손hands, 가슴heart의 세 부분으로 구성하였다. 이는 흔히 ACT가 훈련 맥락에서 논의되고 전달되는 방식을 반영한 것으로, 이 기법을 배우고자 하는 사람은 반드시 다음의 세 가지 영역을 배워야 함을 강조한 것이다.

• 머리: 이론과 개념에 대한 지식

- 손: 실전 기술과 기법
- 가슴: 자신 및 다른 사람의 경험과 관계하는 방법

전 세계 맥락행동과학 Contextual Behavioural Science 분야의 ACT 커뮤니티는 인간 조건에 필요한 것을 더 잘 충족할 수 있는 과학을 계속 개발하려는 열망을 갖고 있다. 이 책은 바로 그 과학과 적용법을 이해할 수 있도록 쓴 것이다. 부디 독자 여러분께 이 책이 많은 도움이 되기를 바란다.

―― 1부 ――

머리
HEAD

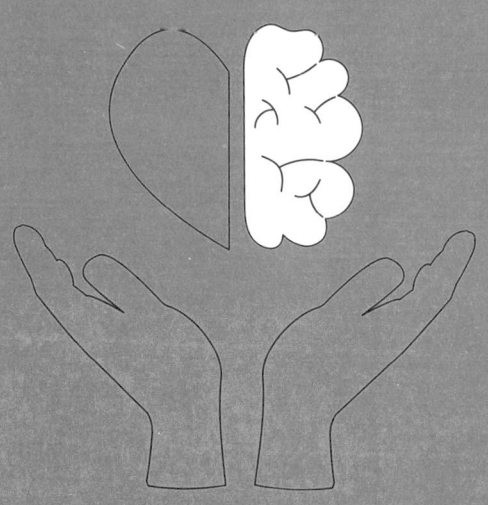

1

ACT의 머리: 철학과 이론
THE HEAD OF ACT - PHILOSOPHY AND THEORY

이 책의 첫 부분인 ACT의 '머리'는 ACT를 실행하기 위한 철학적·이론적 맥락을 다룬다. 행동과학 원리에 기반한 확고한 토대야말로 모든 상황에서 효과적으로 ACT를 실행하는 데 필수 요건이다. 우리는 트레이너로서 많은 경험을 통해 ACT가 처음 접하는 사람을 끌어당기는 힘이 있음을 목격했다. 이들은 흔히 은유의 창의적 사용이나 매력적인 치료 기법(예: 내담자를 줄다리기에 참여시키기)에 감탄한다. 책 본문으로 들어가기에 앞서 먼저 주의를 당부하고자 한다. 치료자가 어떤 은유나 기법이 유용하게 활용될 수 있는 이유를 명확하게 이해하지 못한 채 단순히 이 책에 소개된 기술적인 부분만 취하려 한다면, ACT를 실천하는 근간이 되는 기능분석은 설 자리를 잃게 될 것이다. 겉에서 볼 때 어떨지는 몰라도 ACT는 결코 여러 가지 요령들을 아기자기하게 담아 놓기만 한 가방이 아니다. ACT는 철저히 기능맥락주의functional contextualism로 행동주의를 설명하는 심리적 개입이고, 치료자가 그 의미를 명확히 이해할 때 비소로 치료적 엄밀성과 영향력을 넓힐 수 있다.

1부는 독자들이 더 넓은 행동주의 전통 안에서 ACT를 이해할 수 있도록 일종의 '행동주의 개론' 역할을 한다. 그 일환의 하나로 관계구성틀이론Relational Frame Theory, RFT도 소개한다. 언어를 행동으로 설명하는 RFT는 ACT를 개발하는 데 상당한 이론적 동력을 제공했다. 혹자는 RFT와 ACT를 함께 자라며 서로의 성장과 발달에 영향을 주고받은 형제로 보기도 한다. 마지막으로는 ACT의 실천적 목표의 중심을 차지하는 심리적 유연성 모형을 개략적으로 설명한다. 여기서는 심리적 유연성의 개념 및 이를 구성하는 6개 핵심 과정을 함께 논의한다.

핵심 행동 원리
KEY BEHAVIOURAL PRINCIPLES

CBT의 'B'
THE 'B' IN CBT

현대 인지행동치료Contemporary Cognitive Behavioural Therapy, CBT는 종종 하나의 동질적인 개념으로 일컬어진다. 하지만 CBT는 시간의 흐름에 따라 여러 모형과 기법이 병렬적으로 진화하며 통합돼 온 것이며, 어떤 방식이 될지는 잘 모르지만 앞으로도 계속 그렇게 이어질 가능성이 높은 다양한 모형과 기법의 조합으로 보는 것이 더 정확하다. 인간 조건의 요구를 이해하고자 하는 모든 모형은 관찰 가능한 외적 행동뿐만 아니라 직접적으로 접하게 되는 내적 영역인 생각, 감정, 가치, 욕망의 영역에도 함께 초점을 맞출 수밖에 없다. CBT는 명확히 이러한 측면에 대해서도 균형 있게 관심을 기울이고자 했고, 행동과학은 이러한 노력에 상당한 기여를 했다.

행동주의는 행동을 이해하고자 하는 접근법으로써, 유기체와 유기체가 존재하는 환경적 맥락, 그리고 이전의 학습 이력 간의 상호작용을 강조한다. 여기서 초점이 되는 행동은 유기체가 하는 모든 것으로 정의된다 (Watson, 1929). 행동주의는 기본적으로 행동을 현재 환경 맥락에서의 자극에 대한 반응이나, 과거 자극에 대한 강화나 처벌을 통해 학습된 결과로 본다. 이반 파블로프Ivan Pavlov나 존 B. 왓슨John B. Watson으로 대표되는 20세기 초 행동주의자들은 오직 관찰 가능한 행동과 사건에만 초점을 맞춰서 행동 반응을 측정하고, 예측하고, 통제하려는 경향이 있었다. 버러스 F. 스키너Burrhus F. Skinner 같은 이후의 이론가들은 행동과학의 개념을 생각, 감정, 언어적 과정과 같은 내부 사건까지 포괄하는 것으로 확장했다

(Skinner, 1953). 이를 '급진적 행동주의radical behaviourism'라고 한다. 임상심리학적 관점에서 되돌아볼 때 이 단계는 CBT의 '1동향first wave'에 해당한다.

행동주의가 사람들의 삶을 향상시킬 수 있다는 초창기 약속은, 인간 경험의 보다 정교한 내적 측면을 효과적으로 설명하지 못하고 흔들리면서 점차 사라지게 됐다. 임상심리학에 대한 행동주의적 접근은 1970년대 초까지 미국과 영국에서 크게 우세했다. 이후 행동주의가 지나치게 기계적이고 환원주의적이거나 사실상 생각과 감정의 역할을 부정한다는 비판이 많이 일면서, 심리치료자들은 인지과학 쪽으로 훨씬 더 관심을 가지게 됐다. 이렇게 인지에 많은 관심을 기울이는 것은 앨버트 앨리스Albert Ellis와 아론 T. 벡Aaron T. Beck이 연구한 생각과 신념을 수정하는 기법의 발전과 더불어 흔히 CBT의 '2동향'이라고 불린다(Ellis, 1962; Beck, 1976).

임상심리학의 특정 분야, 그 중에서도 특히 지적장애인 및 아동과 관련된 분야에서는 기본적인 행동 원리를 활용할 것을 늘 강조해 왔다. 다른 분야에서도 행동주의의 핵심 사상에 대한 명확한 이해를 통해 그 중요성을 재발견하고 있으며, 동시대적 행동 이론의 발전 또한 이 과정을 촉진하고 있다. '3동향' CBT는 행동과 행동이 일어나는 맥락 간의 기능적 관계를 중시하고, 생각, 행동, 사건과 관계 맺는 방식을 수정하는 것에 개입의 초점을 맞춘다는 특징이 있다. ACT(Hayes, Strosahl, & Wilson, 1999)와 변증법적 행동치료Dialectical Behaviour Therapy(Linehan, 1993)가 급진적 행동주의에 기반한 대표적인 현대 CBT의 예라 할 수 있다. 이 모형들은 CBT의 'B'를 생생하게 잘 유지하면서 그 효과성의 과학적 근거를 빠르게 확립했다.

3

연합학습
LEARNING BY ASSOCIATION

아마도 이반 파블로프와 그의 개 덕분에 반응적 조건화respondent conditioning(고전적classical 조건화라고도 한다)가 행동 이론에서 가장 유명할 것이다. 이것은 유기체가 하나의 자극을 다른 자극과 연합해서 배울 수 있는 능력을 말한다. 파블로프는 유명한 실험을 통해서 개에게 먹이를 주기 직전에 체계적으로 종을 울렸다. 파블로프는 이 과정을 몇 차례 반복한 뒤, 별도의 훈련 없이도 개가 먹이 없이 종소리만 들어도 침을 흘리는 것을 발견했다. 반응적 조건화의 용어로 말하자면, 음식은 **무조건자극**unconditioned stimulus이고 침을 흘리는 것은 **무조건반응**unconditioned response이다. 파블로프는 개가 선행 **중립자극**neutral stimulus 인 종소리를 음식과 연합하도록 훈련시켰다. 종소리는 음식의 기능을 획득하고 개가 침을 흘리게 만들었다. 이 연합을 통해 종소리는 **조건자극**conditioned stimulus이 됐다. 종소리에 반응해서 침을 흘리도록 학습된 반응을 **조건반응**conditioned response이라고 한다.

이런 방식으로 서로 다른 자극을 연합하고 관련지을 수 있는 능력은 사람을 포함한 모든 유기체 학습의 핵심적인 구성 요소다. 이 과정은 종종 너무 자연스럽고 다방면에 걸쳐 있어서 우리가 아예 눈치채지 못할 때도 있다. 하지만 이러한 형태의 학습을 통해 광범위한 환경 맥락에서 적응과 생존을 위해 행동을 수정할 수 있는 수많은 기회를 얻을 수 있다. 이를 통해 엄청나게 효율적으로 학습할 수 있다. 때로는 딱 한 번 '시도'하는 것으로도 평생 행동을 지속시키는 연합을 형성할 수 있다. 앵무새가 꽥꽥거리는 소리에 겁을 먹은 아이를 상상해 보라. 두려움과 앵무새의 연합은 그 이후로도 오랫동안 이어질 것이다. 앵무새와 꽥꽥거리는 소리는 조건자극이 된다. 조건반응인 두려움은 근처의 새들은 물론이고 다른 동물이나 심지어 그것들이 서식하는 공원 같은 유사한 맥락적 단서만 주어져도 나타날 수 있다. 반응적 조건화는 너무나 효율적이서, 단지 자기 부모가 딱 봐도 무해한 동물을 보며 두려워하는 모습을 관찰하는 것만으로도 앞서 언급한 두려움 반응을 학습할 수 있다.

행동주의는 흔히 현재나 과거로부터의 학습을 강조하지만, 특정한 연합에 대한 생물학적인 편향성도 중요한 요소임을 주목해야 한다. **중립자극**이라고 해서 전부 중립적인 것은 아니다. 예를 들면 두려움 반응은 다른 많은 자극 중에서도 개가 짖는 것, 큰 건물, 어둠, 신체적 통증, 사회적 평가에 의해 훨씬 더 쉽게 조건화된다(Ramnerö and Törneke, 2008).

이 책에서 다룰 모든 형태의 학습과 마찬가지로 반응적 조건화는 위험한 자극을 회피하는 것과 같은 매우 유용하고 적응적인 행동 반응으로 이어질 수도 있고, 두려움을 극복하고 탐색할 만한 보람이 있는 무해한 자극을 회피하는 것처럼 전혀 적응적이지 않은 조건반응으로 이어질 수도 있다.

4

결과에 의한 학습
LEARNING BY CONSEQUENCE

    반응적 조건화처럼 연합에 의해 자극을 연관 짓는 법을 배우는 것만으로는 조건화 과정에서 나타난 행동이 시간이 지나도 지속되는 이유를 모두 설명할 수 없다. 앞 장에서 앵무새가 꽥꽥거리는 것에 겁먹은 아이는 왜 처음 꽥꽥거리는 것을 본 이후로도 계속해서 회피행동을 보이는 걸까? 그런 소리에 아무런 신체적 해도 입지 않았는데 말이다. 우리는 조작적 조건화(결과에 의한 학습이라고도 한다)를 통해 이 질문에 대한 답을 구할 수 있다. 아이의 회피행동(앵무새로부터 물러나는 것)의 즉각적인 결과를 생각해 보자. 첫째, 그 행동은 외적 혐오자극(꽥꽥거리는 소리)을 없애는 기능을 한다. 그 결과 둘째, 내적 혐오자극(불안)을 없앤다. 아이의 행동은 좋은 결과로 이어졌고, 따라서 다음에 비슷한 상황이 벌어졌을 때 아이는 그와 동일하거나 적어도 기능적으로 유사한 행동을 할 가능성이 높을 것이다. 바람직한 결과를 계속해서 만들어 내는 한 광범위한 회피행동 패턴이 계속 늘어나는 이유를 쉽게 알 수 있다. 이런 식으로 행동주의자는 행동뿐만 아니라 행동에 선행하는 것과 뒤따르는 것에 모두 관심을 가진다. 이를 흔히 다음과 같이 나타낸다.

    선행조건Antecedent Ⓐ - **행동**Behaviour Ⓑ - **결과**Consequence Ⓒ

    여기서 기본적으로 알 수 있는 것은, 행동의 결과가 특정한 선행조건에 반응하여 그 행동이 다시 나타날 확률을 높이거나 낮추는 데 관여할 수 있다는 것이다. 행동의 결과로 인해 즐겁거나 보람된 경험을 한다면 그 행동은 반복될 가능성이 높고, 반대로 행동의 결과가 불쾌하다면 반복될 가능성이 낮을 것이다. 결과는 즐겁거나 불쾌한 것으로 경험될 수 있고 자극은 추가되거나 제거될 수도 있음을 고려하면, 어떤 행동의 형태와 빈도를 수정할 수 있는 시나리오는 기본적으로 네 가지가 있다. 먼저 우리가 제이크가 자기 방을 정리하는 빈도를 **늘리고** 싶다면, 다음의 두 가지 전략을 실행할 수 있다.

- **긍정적 강화**: 정리하는 행동을 통해 즐거운 결과를 추가한다.

  (예: "네 방을 정리하는 대로 네가 보자고 했던 최근 개봉한 스타워즈 영화를 같이 보러 가자.")

- **부정적 강화**: 정리하는 행동을 통해 불쾌한 결과를 제거한다.

  (예: "만약 네가 방을 정리하면 축구화를 깨끗이 닦아 줄게.")

만약 우리가 제이크가 방을 어지르는 빈도를 **줄이고** 싶다면, 다음의 두 가지 전략을 활용할 수 있다.

- **긍정적 처벌**: 어지르는 행동을 통해 불쾌한 결과를 추가한다.

  (예: "한 번만 더 네 방을 어지르면 일주일 동안 온 집안을 다 청소해야 할 거야.")

- **부정적 처벌**: 어지르는 행동을 통해 즐거운 결과를 제거한다.

  (예: "한 번만 더 네 방을 어지르면 이번 주에는 영화 보러 못 갈 줄 알아.")

조작적 조건화 맥락에서 '긍정적'과 '부정적'의 의미가 종종 헷갈릴 수 있음을 주목하라. '긍정적positive'과 '부정적negative'은 '좋은good'과 '나쁜bad'의 동의어가 아니라, 각각 결과를 '늘리기 혹은 추가하기'와 '줄이기 혹은 제거하기'를 의미한다.

모든 행동에 강화나 처벌의 기능을 하는 결과가 뒤따르는 것은 아니다. **소거**Extinction는 강화가 없거나 중단됨으로써 행동이 줄어드는 상황을 설명하는 용어다. 예를 들어 제이크가 방을 정리할 때 받기로 했던 특별 선물을 실제로 못 받는 것을 학습한다면, 앞으로도 계속 방을 정리할 가능성은 별로 없을 것이다.

5

욕구통제와 혐오통제
APPETITIVE AND AVERSIVE CONTROL

행동을 설명하고 분류하는 데는 많은 방법이 있다. ACT를 실행하는 데 영향을 끼치는 행동 원리 중 하나는, 모든 유기체의 행동을 **욕구**appetitive('욕구appetite'라는 단어에서 유래됨)통제와 **혐오**aversive통제 중 하나에 따르는 것으로 분류할 수 있다는 것이다.

서로 굉장히 달라 보이는 행동도 기능적으로는 동일한 것으로 분류될 수 있다. 치료자가 무가치함이라는 핵심 이슈에 관심을 가지는 것을 많이 불편해하는 내담자를 생각해 보자. 내담자는 유머로 대화의 방향을 돌리거나 단순히 치료에 안 나옴으로써 불편함을 피할 수 있다. 이 두 가지 행동은 매우 달라 보이지만 실제로는 원치 않는 경험(무가치한 느낌을 다룸)을 피하는 동일한 기능적 부류에 속한다. 이 예에서 내담자는 혐오통제에 따라 행동한다고 볼 수 있다. 즉 의식적이든 아니든 그의 행동은 불쾌하게 느끼는 경험과의 접촉을 줄이기 위한 것이다. 이 내담자가 무가치한 감정과 접촉하는 것을 불쾌하게 여기는 학습 이력을 어떻게 습득했고, 그 결과 그런 접촉을 피하려는 동기를 어떻게 지니게 됐는지 파악하는 것은 어렵지 않다. 특정한 자극이 해가 되고 이를 피하는 것이 유기체의 성공적인 기능에 필수적임을 학습한 사람은 누구나 그런 자극을 피하려는 동기를 가질 수 있다. 사람이 세상에 존재하는 수많은 위험 요인들로부터 안전거리를 확보하는 법을 배우지 못했다면 살아남기 힘들었을 것이다.

위험하거나 불쾌한 자극을 회피하는 혐오통제는 기능적으로 행동을 분류하는 방법 중 하나다. 이와 마찬가지로, 즐거움이나 다른 강화 자극과의 접촉에 의해 행동의 동기가 부여되는 욕구통제의 개념 역시 모든 유기체의 생존에 중요하다. 다시 말하지만 욕구통제에 따른 행동이 아무리 다양해 보여도 그 목적이 같다면 기능적으로는 동일한 부류로 간주할 수 있다. 일에서 창의성에 가치를 두는 치료자의 경우를 생각해 보자. 그녀는 새로운 것을 시도하고 익숙한 것을 다르게 할 수 있는 방법을 찾는 경험이 반복적으로 강화된 학습 이력을 지니고 있다. 이 치료자는 새로운 접근법을 연구하거나, 다양한 기법을 시도하거나, 개인에서 집단으로 치료 방식을 변화시키는 등 다양한 방식으로 창의성을 실천할 수 있다. 이러한 다양한 행동은 모두 양질의 창의성과의 접촉을 늘리려고 하는 동일한 기능을 지닌다.

이 개념에 대해 마지막으로 이해해야 할 것이 있다. 바로 동일한 행동도 욕구통제나 혐오통제에 따라 수행할 수 있고, 어떤 행동도 본질적으로 욕구적이거나 혐오적이지 않다는 것이다. 예를 들어 당신이 집 근처 공원에서 달리기를 하는 이유는 체력 단련을 위한 것일 수도 있고(욕구적), 강도에게 쫓겨서일 수도 있다(혐오적). 따라서 적응행동에 변화를 촉진하려는 치료자는 어떤 행동도 무에서 존재하지 않음을 확실히 알고 있어야 한다. 행동은 늘 맥락 안에서 존재하며 그 맥락에는 심리적인 것도 포함된다. 욕구통제·혐오통제는 행동이 발생하는 심리적 맥락과 그 결과를 이해하기 위한 핵심 개념이다. 이는 ACT **치료** 중에 내담자가 더 이해하기 쉬운 형태로 매우 유용하게 배울 수 있는 개념이기도 하다. 45장에서 내담자와 '다가가고 물러나는 움직임'에 대해 논의하는 것을 참조하라.

6

기능맥락주의
FUNCTIONAL CONTEXTUALISM

앞 장에서 **기능**과 **맥락**이라는 용어를 소개했다. 기능은 어떤 사건이나 행동이 지니는 효과를 일컫는다. 행동은 무에서 일어나지 않으며 언제나 그 결과가 따른다. 예를 들어 이 장을 읽는 것은 지적인 자극이나 혼란을 유발할 수 있다. 맥락은 사건이나 행동이 일어나는 상황을 말한다. 이 장을 읽는 것을 계속 예로 들면, 당신이 읽고 있는 장소, 읽는 이유, 읽기 직전까지의 학습 이력이 전부 폭넓은 의미에서 맥락에 속한다. 이러한 맥락적 요소 각각은 당신이 이 책을 읽는 경험에 영향을 끼칠 것이다. 이런 식으로 당신이 읽는 행동은 그 맥락을 모른 채 이해할 수 없으며, 맥락과 기능은 서로 영향을 주고받는다.

이 개념은 행동을 예측하고 그에 영향을 끼치는 데 매우 중요하며, ACT가 사건과 그 목적을 바라보는 철학적 입장을 제대로 이해하는 데 핵심적이다. 우리 주변에서 일어나는 일을 설명하고 이해하는 데는 다양한 방식이 있다. 철학은 우리가 이를 선택하는 방법을 인도한다. 철학적 입장을 취하는 것은 세상에 대해 특정한 가정을 하는 것으로, 여러 치료적 전통이 다양한 세계관에 그 뿌리를 두고 있다. ACT는 맥락행동과학 연구 패러다임 안에 자리잡고 있는데, 이는 **기능맥락주의**functional contextualism로 알려져 있는 세계관에 기반을 두고 있다. 기능맥락주의의 철학적 입장의 개요를 살펴보는 것은 ACT가 어떻게 해서 지금의 위치에 있고, 어떤 관점으로 바라보는지에 대한 감을 잡는 데는 도움이 되지만, 이를 상세히 다루는 것은 이 책의 범위를 벗어난다(이에 대한 상세한 설명은 다음 문헌을 참조할 것. [Zettle, Hayes, Barnes-Holmes, & Biglan, 2016]). 이 장과 1부의 나머지 부분에서는 기능맥락주의의 핵심 요소만 살펴볼 것이다.

　기능맥락주의는 상황적·역사적 맥락 안에서 상호작용하는 전체 유기체의 행동과 관련 있다(Hayes et al., 1999). 즉 어떤 행동도 그 구성 요소와 동떨어진 채로는 온전히 이해할 수 없다. 행동의 의미는 유기체의 행동이나 그 행동이 일어나는 맥락과 분리될 수 없다. 당신은 특정한 의도를 가지고 이 책을 읽고 있을 것이고, 책을 읽는 것은 어떤 식으로든 당신에게 영향을 주고 있을 것이며, 당신이 책을 읽는 맥락이 있을 것이다. 만약 누군가 당신이 '이 책을 읽는 것'을 이해하려고 한다면, 당신이 책을 읽는 것과 책을 읽는 이유의 맥락을 분리하는 것은 말도 안 될 것이다. 따라서 전체적으로 '맥락 안에서의 행동'에 관심을 가져야 한다. 기능맥락주의 입장에 서 있는 연구자와 치료자는 모두 '맥락 안에서의 행동'을 분석의 기본 단위로 여긴다.

실용적 진실
A PRAGMATIC TRUTH

　대부분의 사람들은 말로 표현한 것과 실제로 경험한 것이 일치하는지를 가지고 그 진술의 '진실' 여부를 판단한다. 즉 실제 현실과 여기에 대한 말이 일치하는지를 통해 참됨 여부를 파악한다. 진실에 대한 이러한 설명은 대부분의 심리학 분야가 작동하는 방식과 일치한다. 이 책을 읽기 전에 당신은 심리학, 정신치료, 어쩌면 기계론적 철학의 입장에서 치료 모형을 제시하는 책을 읽었을지도 모른다. 기계론적 모형은 입력, 처리, 출력을 하는 기계 개념을 근원적 은유로 사용한다. 벡 등(1979)이 제시한 우울증의 인지 모형이 그 좋은 예다. 이 모형은 사람의 초기 경험에 해당하는 입력, 자신과 타인 및 세상에 대한 신념을 형성하는 것에 해당하는 처리, 우울증 진단에 부합하는 증상에 해당하는 출력을 통해서 우울증이 발생하고 지속되는 인지 모형을 설명한다. 내담자에게 이 모형을 적용하는 인지치료자는 모형에서 설명하는 입력, 처리, 출력이 실제 내담자의 경험과 일치하도록 할 것이다. 치료자의 설명은 모형이 실제 경험과 잘 맞을 때만 '진실'된 것으로 간주된다.

　ACT의 이론과 실제의 근거가 되는 기능맥락주의에서는 다른 관점을 취하는데, '효과가 있는 것what works'을 진실의 핵심 기준으로 여긴다. 맥락주의자는 맥락의 중차대한 역할을 염두에 두며 하나의 객관적 진실은 없다는 가정하에 치료를 시행한다. 당신이 사는 거리를 생각해 보자. 당신은 그 거리를 지도에서 볼 수도 있고 사진으로 볼 수도 있다. 그중 무엇도 다른 것보다 더 진실되지 않다. 어떤 것이 당신에게 가장 유용한지는 당신이 그것을 선택하는 목적에 따라 정해진다. 기능맥락주의는 입증 가능한 근본적 현실이나 진실이란 존재하지 않으며, 현실이나 진실은 맥락에 따라 결정된다고 가정한다.

기능맥락주의는 행동과 그에 대한 언어적 설명 간의 객관적 일치를 추구하기보다는 실용성을 목적으로 한다. 사람들이 더 많은 정보를 바탕으로 자신의 행동을 선택하도록 도움으로써, 그 행동이 더 기능적으로 될 수 있도록 하는 것이다(Flaxman, Blackledge, & Bond, 2011). 기능맥락주의에서는 당사자에게 효과가 있다고 확인된 것이 무엇인지, 최선의 이익이 무엇인지에 따라 진실을 정의한다. ACT 치료자의 행동 분석은 내담자가 특정한 목적을 추구하기 위해 더 잘 기능하는 데 도움이 되는 한에서만 '진실'이다. 내담자에게 ACT를 시행할 때는 이러한 원칙을 염두에 두고, 내담자가 객관적 진실을 찾기보다는 자신이 경험하는 것이 효과가 있는지 여부에 더 초점을 맞추도록 해야 한다.

8

행동의 기능
THE FUNCTION OF BEHAVIOUR

6장에서 간략히 설명했듯이, 기능이라는 용어는 어떤 사건이나 행동의 효과를 일컫는다. 기능분석은 행동을 다루고 이를 바탕으로 ACT를 시행하는 데 중심이 된다. 이는 ABC 분석(4장 참조)과 특정한 행동의 결과를 주의 깊게 살펴보는 것으로 이루어진다(자세한 설명은 다음 문헌을 참조할 것. [Ramnerö and Törneke, 2008]). ACT는 내담자가 **무엇**을 하거나 얼마나 자주 하는지보다는, 행동이 어떤 **기능**을 하는지에 중점을 둔다. 행동의 기능이 중요한 이유는, 이를 통해 내담자의 선택과 다양한 행동에 따른 결과의 유형에 초점을 맞출 수 있기 때문이다.

욕구통제와 혐오통제의 개념에 따르면, 결국 유기체의 모든 행동은 원하는 자극(및 자극과의 접촉을 통해 나타나는 결과)을 향해 다가가거나 원치 않는 자극으로부터 탈출·회피하거나 둘 중 하나로 분류할 수 있다. 우리는 항상 이 두 가지를 잘 구분해야 하는데, 행동의 기능을 분석할 때 다음의 질문이 도움이 될 수 있다. '어떤 목적으로 이런 행동을 하는가? 무엇을 향해 다가가거나 혹은 무엇으로부터 물러나려고 하는가?' 이 간단한 질문은 기능에 계속 초점을 유지하는 데 매우 큰 도움이 된다.

한 예로 강박적으로 청소하는 행동 문제에 대한 심리적 개입을 위해 의뢰된 내담자를 생각해 보자. 집을 청소하는 것은 그 자체로 좋거나 나쁘지 않다. 혹자는 청소가 감염을 예방하고 집 외관을 보기 좋게 가꾸고… 등을 고려할 때 유용한 기능을 지니고 있다고 주장할 수도 있다. 하지만 만약 우리가 내담자가 하루에 세 번씩이나 탈진할 정도로 온 집안을 샅샅이 청소한다는 사실을 알게 된다면, 그 행동에 도움이 안 되는 기능도 있음을 알게 될 것이다. 위의 질문을 이 사례에 적용해 보자.

'어떤 목적으로 이런 행동을 하는가?'

파악한 바에 따르면 내담자는 어릴 때부터 지금과 같은 행동을 해 왔던 것으로 나타났다. 내담자는 폭력적인 아버지가 있는 가정에서 자랐으며, 열심히 일하고 쓸모 있는 것처럼 보일 때 아버지의 분노의 표적에서 벗어날 확률이 높아지는 것을 학습했다. 따라서 내담자의 행동에는 위험과 위협감으로부터 멀어지게 해 주는 기능이 추가되어 있다.

'무엇을 향해 다가가거나, 무엇으로부터 물러나려고 하는가?'

내담자의 학습 이력은 청소하는 행위가 위험이나 위협감을 최소화하려는 혐오통제에 따른 것임을 강력히 시사한다. 내담자는 원치 않는 것으로부터 물러나고 있다. '물러나는' 행동이 대개 그렇듯이 내담자의 행동 역시 더 욕구적인 패턴을 탐색할 수 있는 시간적·공간적 여유가 없고 딱히 유연성이나 창의성도 없다. 내담자의 행동 레퍼토리는 지금 안전하지 않다고 느끼는 것을 피하려는 강한 욕구를 충족하는 데에만 한정되어 있다.

행동의 기능을 알면 그것을 개입 근거로 활용할 수 있기 때문에 유용하다. 단순히 행동의 형태와 횟수에만 초점을 맞춰서는 이를 파악하기 어렵다. 위의 예에서 치료자는 내담자가 행동의 기능을 더 명확하게 바라보고, 물러나는 행동으로 인해 치러야 할 대가를 깨닫고, 그런 행동이 효용성 없음을 파악하며, 위험에 대한 생각에 영향을 덜 받으면서 행동하고, 그런 생각을 더 효과적으로 다룰 수 있는 기술을 습득하거나 '다가가는' 행동 패턴을 구축하도록 도와줄 것이다.

9

기능 vs 형태
FUNCTION VERSUS FORM

　인간은 패턴을 인식하는 능력이 뛰어나고, 무질서하고 혼란스러운 세상을 질서정연한 모양, 구조, 체계로 조직화하는 것을 좋아한다. 정신건강 치료에서 진단분류체계를 사용하는 것이 그 예다. 이러한 체계는 제시된 증상 목록에 근거하여 여러 질환 간의 차이를 강조하고, 임상가로 하여금 그 증상 형태에 따라 내담자를 분류하도록 권고한다. 진단분류체계에 따르는 심리치료 기법들도 증상의 형태에 집중하기 쉽다. 치료자가 정확한 진단적 형태나 증상 양상에 따라 올바른 모형을 선택할 수 있도록 질환 맞춤형 기법들을 개발한 벡의 인지치료가 대표적인 경우다. ACT는 범진단적transdiagnostic 모형으로서 형태보다는 기능에 중점을 두는 입장에 서 있다. 따라서 건강관리 맥락에서 ACT를 적용할 때는 내담자가 표현하는 증상에 붙어 있는 진단명에 대한 관심을 줄이는 대신, 내담자가 하는 행동의 기능을 더 많이 강조한다.

　강박적 도박 행동을 보이는 사람의 경우를 보자. 이 사람은 불편한 생각, 감정, 욕구, 충동이 쌓이면 도박 행동을 통해 이를 해소하는 전형적인 순환주기cycle를 보인다. 도박이 불편함을 해소하는 수단으로 기능하면서 안도감을 느끼고, 부정적 강화를 통해 행동이 반복될 가능성이 높아진다. 도박에 굴복한 것에 대해 죄책감이나 수치심을 경험할 수도 있지만, 불편함이 다시 심해지면 이를 해소하기 위해 단기적으로나마 효과가 있었던 도박으로 다시 눈을 돌리게 된다. 행동의 순환주기가 유지되는 이런 과정

(불편함을 느낀다 – 특정한 행동을 한다 – 기분이 나아졌다가 점차 더 나빠진다, 이하 반복)을 단순화해 보면, 당신이 치료 중 맞닥뜨리는 행동들이 떠오르지 않는가? 당신의 내담자도 비슷한 기능을 하는 반복적인 행동을 하는가? 비록 그 형태는 다를지라도, 치료적 상호작용에서 환자가 얘기한 다양한 행동이 어떻게 똑같은 기능을 지니는지 쉽게 알 수 있다. 폭식, 회피, 안심구하기, 대부분의 중독 행동은 모두 동일한 기능적 부류에 속한다.

당신이 기능에 초점을 맞춘다면 내담자가 나타내는 증상을 납득 가능한 명쾌한 방식으로 생각할 수 있고, 특정한 질환에 따른 프로토콜을 찾아야만 한다는 경직된 사고의 한계에서 벗어날 수 있다. 이렇게 행동의 형태가 아닌 과정에 중점을 두는 것은 질환 중심 사고에서 벗어나 더 범진단적으로 평가하고 개입하는 더 큰 흐름에 속한다(Harvey, Watkins, Mansell, & Shafran, 2004; Barlow et al., 2011; Hayes and Hoffman, 2017). 끝으로, 이 장에서 진료에 초점을 맞춘 것은 단지 일부 예시에 지나지 않는다. 업무, 공연장, 그 외 전반적인 웰빙 증진 등 ACT가 적용되는 다른 모든 맥락에서 동일한 원리가 적용된다. 내담자가 하는 행동의 기능에 초점을 유지하는 것을 쉽게 상기할 수 있는 약자로 'WTF'가 도움이 될 것이다. 이는 '기능이 뭐야What's The Function?'라는 뜻이다.

10

맥락의 중요성
THE IMPORTANCE OF CONTEXT

당신이 ACT 교육 행사에 참석 중이라고 상상해 보라. 당신은 맨 앞줄에 앉아서 강사가 ACT와 다른 CBT 기법들 간의 관계를 설명하는 것을 경청하고 있다. 그녀는 당신과 눈이 마주치자 곧바로 물병을 집어 급히 뚜껑을 열며 당신을 향해 달려간다. 그녀는 당신 앞에 도착한 뒤 당신의 입에 물병을 갖다 대며 열과 성을 다해 물을 마시도록 격려한다.

당신의 반응과 관련한 이 행동의 기능은 무엇일까? 당신은 깜짝 놀라거나 매우 당황할 것이고, 어쩌면 화가 나거나 공포를 느낄 수도 있다. ACT 교육 행사의 맥락에서 보면 이는 매우 이례적인 사건일 것이다. 이제 당신이 가뭄으로 황폐화된 지역의 구호소에 있다고 생각해 보라. 당신은 그곳에 물이 있다는 것을 알고 무려 16km를 걸어 도착했다. 구조대원 중 한 명이 당신을 발견한다. 그녀는 당신과 눈이 마주치자 곧바로 물병을 집어 급히 뚜껑을 열며 당신을 향해 달려간다. 그녀는 당신 앞에 도착한 뒤 당신의 입에 물병을 갖다 대며 열과 성을 다해 물을 마시도록 격려한다.

이 두 번째 시나리오에 대한 당신의 반응을 상상하면 행동의 기능이 다르게 느껴지는가? 당신은 여전히 충격과 공포에 빠져 있는가? 만약 그렇지 않고 당신이 감사나 안도와 그런 비슷한 감정을 느꼈다면, 바로 이를 통해 ACT의 핵심적인 행동 개념을 알 수 있다. 즉 기능은 맥락에 의해 정해지며, 사건의 맥락이 변화힘에 따라 기능도 달라진다는 것이다. 만약 내담자가 생각, 행동, 혹은 다른 사건에 대해 얘기하면, 우리는 내담자가 그런 사건들을 어떤 맥락에서 경험했는지 궁금해하며 들을 것이다. ACT 치료자는 맥락을 폭넓게 정의하는 것이 도움이 되는데, 앞의 두 시나리오 간에는 상황과 지역에 따른 맥락적 변화가 있었다. 맥락에는 문화, 사회, 대인관계는 물론이고, 감정과 인지와 같은 내적 요인 및 내담자의 발달과 학습 이력까지도 포함된다. 치료자가 내담자의 사건을 조사할 때 이 모든 맥락적 특징을 전부 고려하는 것은 분명 실용적이지 못하며, 개입의 목표와 가장 직접적으로 관련된 것에 집중하는 것이 좋다(Hayes 등, 1999). 생각 및 행동의 형태나 내용보다는 그것이 발생하는 사회적·언어적 맥락을 변화시키는 것이 가장 중요한 목표이기에, 2부에서 ACT 개입을 다루면서도 맥락의 중요성이 강조된다. 예를 들어 만약 내담자가 자기비판의 맥락에서 '나는 쓸모없어.'라는 생각을 경험한 뒤 이를 통제하고 억제하고 회피하려고 한다면, 똑같은 생각을 비판단적 인식과 자기자비의 맥락에서 할 때보다 더 심한 고통으로 이어질 가능성이 높다(Marshall et al., 2015). 생각 자체는 통제하기 어렵기 때문에 ACT는 내담자가 생각을 경험하는 맥락을 변화시키도록 돕는 데 주안점을 둔다. 심리적 거리를 촉진하는 수많은 반응 기법(생각은 진실이 아니라 그저 생각일 뿐임을 관찰하기, 생각은 단지 내담자가 자라면서 들어 온 메시지의 메아리일 뿐임을 알아차리기, 친절함이나 자기자비로 대응하기 등)이 여기에 속한다.

11

언어와 인지를 통한 학습
LEARNING THROUGH LANGUAGE AND COGNITION

앞 장들에서 나왔던 대부분의 이론과 개념은 언어적·비언어적 유기체에 똑같이 적용된다. 언어의 습득이 다른 모든 형태의 학습을 변화시킬 수 있는 학습 형태라는 점에는 의심의 여지가 없지만, 언어적 유기체가 경험한 생각과 언어 같은 내부 사건을 이해하는 것은 한동안 행동주의 분야에서 매우 큰 난제였다(Hayes, Barnes-Holmes, & Roche, 2001). 사람은 입으로 소리를 내는 것만으로도 상황에서의 자극과 사건에 추가적인 기능을 부여할 수 있는 굉장히 독특한 능력을 지니고 있다. 우리는 굳이 반응적·조작적 조건화에서처럼 강화의 직접적 수반성contingencies과 **접촉하지 않고도** 모든 유형의 관계와 기능을 학습할 수 있다.

부모가 아이에게 길을 건너는 법을 가르쳐 줄 때는 아이가 안전하게 건너는 법을 배울 수 있게 돕는 것이 핵심이다. 길가에서 멈추기, 양쪽을 살펴보기, 가까워지는 차 소리를 잘 듣기 등의 적응행동을 상당 부분 포함하겠지만, 훈련의 자세한 속성은 부모마다 조금씩 다를 것이다. 이는 또한 언어적 지시, 핵심 메시지(예: '멈추고, 보고, 듣기'), 그리고 어쩌면 규칙을 지키지 않은 아이에게 일어난 일에 대한 이야기로 가득할 것이다. 한 가지 확실한 것은, 어떤 부모도 아이를 차가 지나다니는 길가로 내몬 뒤 상황에 대처하는 법을 스스로 배우게 하지는 않을 것이라는 점이다.

너무 당연한 것 같겠지만, 언어를 통해 가르치고 배우는 것은 사람만 지니고 있는 독특한 능력이자 엄청난 진화적 이점이다. 우리는 어릴 때부터 환경에 내재된 많은 위험에 직접 노출되지 않은 채 환경을 탐색하는 방법에 대한 다양한 기술을 배운다. 단도직입적으로 말해서, 우리는 실제로 일어난 적이 없는 일을 두려워하도록 교육받고, 한 번도 경험하지 못한 상황을 다루는 기술을 배운다. 바로 이런 과정의 복합성과 이를 통해 습득하는 기술 때문에 사람의 '아동기'가 다른 동물보다 훨씬 긴 것인지도 모른다.

언어는 굉장히 복잡한 방식으로 자신 및 타인과 소통하며 다른 동물과는 다르게 행동할 수 있게 해 준다. 한 달 뒤에 무슨 일이 생길지 몰라 불안에 떠는 기린은 없을 것이다. 하지만 사람은 늘 그렇게 한다. 언어가 마음속으로 상상의 미래를 창조할 수 있게 해 주기 때문이다. 이러한 형태의 학습에서는 실제 관계나 형식적인 특징과 상관없이 서로 다른 자극과 사건을 연관 지을 수 있는 능력이 핵심이다(Ramnerö and Törneke, 2008). 예를 들어 '복숭아'라는 단어를 발음함으로써 나는 소리는 실제 복숭아와 아무 상관이 없다. 그저 영어권 사람들이 그런 소리를 실제 복숭아와 연관 짓기로 정한 것뿐이다. 그렇게 하는 데는 무수히 많은 이점이 있다. 당신이 한번 마트에 가서 '복숭아'라는 말을 하지 않고 복숭아를 달라는 요청을 해 본다면 그 이유를 금방 알 수 있을 것이다. 연관 짓는 능력이야말로 사람이 지니고 있는 광범위한 의사소통, 창의성, 문제해결, 그리고 **괴로움** suffering 을 이해할 수 있는 절대적 요소다. 다음에 이어지는 장들에서는 연관 짓기에 대한 연구인 RFT를 자세히 설명한다.

관계구성틀이론
RELATIONAL FRAME THEORY (RFT)

RFT의 배경
BACKGROUND TO RFT

RFT는 스키너의 언어행동 이론에 대한 초기 비판의 하나인 인간의 언어 습득에 대한 행동학적 설명을 제공한다(Hayes et al., 2001). RFT는 지난 20년 동안 계속 연구 대상이 되어 온, 실증적으로 입증할 수 있는 많은 가설을 제시한다(Montoya-Rodríguez, Molina, & McHugh, 2017).

이 이론의 핵심은 모든 것을 모든 것과 관련지을 수 있는 인간의 기본 능력을 설명하는 것이다. 한 예로 무작위로 뽑은 명사인 '고래'와 '바나나'를 생각해 보자. 장담하건대 당신은 한 문장 안에 이 두 단어가 모두 들어가 있는 경우를 못 봤을 것이다. 이제 잠시 시간을 가지고 이 단어들 간의 관계를 만들어 보라.

아마 당신은 이 단어들이 어떤 동물이나 음식에 속하는지 생각했을 수 있다. 어쩌면 이들 사이의 차이(크기, 색깔 등)를 생각했을 수도 있다. 이런 식의 관계를 형성하는 것이 얼마나 쉬운지에 주목하라. 바로 이렇게 대상, 개념, 생각을 하나로 모아 서로 연관 짓는 능력이 RFT의 핵심이다. 비교의 틀에 따라 '고래'와 '바나나'를 같이 놓는 것은 둘 사이의 '크기를 표시하는' 특정한 기능을 수행한다. 그 결과 갑자기 고래는 엄청 커 보이고 바나나는 상대적으로 작아 보이게 된다.

사람은 무엇이든 서로 연관 짓기 위해 언어를 사용할 수 있다. 우리가 무엇을 하는지도 모르는 사이에 관계를 도출하는 이러한 능력과 성향이 인간 언어의 핵심에 자리한다. **관계구성틀**relational frame이라는 용어는 이

두 가지 개념이 서로 어떻게 연관되는지 설명하며 그 관계의 속성을 명시한다. '이것은 사과다.'(상징적 소리인 '사과'를 실제 과일과 연관 짓는다)가 그 예다. 사람은 유아기 때부터 굉장히 유용한 방식으로 이런 관계를 도출하는 능력을 배우고, 계속해서 이러한 능력을 강화한다. 유아는 점점 복잡해지는 다양한 방식으로 연관 짓는 능력을 빠르게 발달시키고, 누가 직접 가르쳐 주지 않아도 자극들 사이의 관계를 추론할 수 있다. 사람은 이런 식으로 반응적·조작적 조건화와는 또 다른 차원의 강력한 형태의 간접 학습의 수혜를 입고 있다.

우리가 사물, 개념, 생각에 부여한 다양한 상징들을 어떻게 사용하는지 보면 언어의 유용성을 새삼 실감할 수 있다. 이러한 상징들(음성, 제스처, 궁극적으로 당신이 지금 읽고 있는 것 같은 글자)은 우리가 원하는 것을 효율적이고 효과적으로 소통할 수 있는 능력을 엄청나게 확장시켰다. 우리는 더 이상 아프리카 사바나 지역의 부족 사람들이 이해해 주기를 바라면서 낑낑대며 불에서 구워지는 매머드를 가리키지 않는다. 대신 우리는 친구가 요청을 즉각 들어주기를 기대하며 이렇게 말할 것이다. "친구야, 그 스테이크 맛있어 보이는데 한 조각 줄래?" 우리는 과거의 경험을 순식간에 전달하고, 다른 사람들의 경험으로부터 배워 미래를 유용하게 예측할 수 있는 능력을 갖추게 됐다. 이를 통해 정교하고 효과적으로 협력하고 학습할 수 있는 모형을 사용할 수 있게 됐다. 좋든 나쁘든 **호모 사피엔스**homo sapiens 종은 힘, 이빨, 발톱은 부족해도 생존 경쟁에서 다른 종보다 엄청난 이점을 누릴 수 있는 능력을 개발하며 진화한 것이다.

13

관계반응
RELATIONAL RESPONDING

    RFT는 자극을 상징적으로 연관 짓는 방식을 설명한다. 이를 테면 대상을 이름과 연관 짓는 법을 배우는 것처럼 말이다. 관계적으로 틀을 구성하는 능력은 초기 유아기 때부터 시작되는 편이지만, 사람은 다양하고 많은 방법으로 자극을 연관 짓는 법을 배우기 때문에 이는 아동기 내내 계속해서 발달한다(예: 'X'는 'x'와 같다, 'X' 다음은 'Y'다). 시간이 흐르면서 이러한 상징적 학습 과정이 지배적인 방식이 되면서 다른 유형의 학습을 변형시킨다. 공포 반응의 발달 과정이 그 예가 될 수 있다. 찰리가 마벨이 작은 개에 물렸다는 소식을 듣고 그 사건에 대해 불안을 경험한 경우를 생각해 보자. 만약 그 뒤 찰리가 조엘의 집에 놀러갔는데 그 집에 진짜 큰 개가 있다면, 찰리가 개를 피하는 불안 행동을 보이는 것도 그리 놀라운 일은 아니다. 그는 한 번도 큰 개에 물려 본 적이 없음에도 불구하고 작은 개보다 큰 개를 더 무서워할 수 있다. 그의 학습은 순전히 상징적이기 때문에 조작적 조건화 이론만 가지고는 왜 이런 일이 일어나는지 설명하기 어렵다. 찰리는 '개', '고통', '두려움'이 모두 상호 연결되어 있는 관계망relational network을 만들 것이다. 그는 또한 '크기'와 '고통'도 연관 지어서, 작은 개가 마벨을 물어서 아팠다면 **큰** 개한테 물리면 **진짜** 아플 거라고 생각한다. 그는 자신이 두려워하는 것을 한 번도 경험하거나 심지어 목격한 적조차 없고, 조엘 집에 있는 큰 개는 본성이 굉장히 순해서 아이를 물지 않을 가능성이 높기 때문에, 찰리의 행동은 자극의 속성만으로는 정의할 수 없는 관계에 의해 조절되고 있는 것이다.

    RFT에서는 이러한 언어행동을 **임의로 적용된 파생관계 반응**arbitrarily applicable derived relational responding이라고 부르는데, 이는 사람의 상징화 능력을 의미한다. 우리는 임의의 맥락적 단서를 기반으로 관계를 도출할 수 있고, 이를 통해 무엇이든 서로 관련지을 수 있다. 아이가 한번 이런 식으로 언어를 배우고 관계를 도출할 수 있는 능력을 배우면, 이 과정을 되돌리거나 중단하는 것은 불가능하다. 이렇게 끊임없는 관계 형성의 증거를 확인하고 싶다면, 마음챙김 연습을 하면서 마음이 얼마나 반복적으로 이러한 관계 형성에 엮이는지 살펴보면 된다. 사람은 자극들 사이의 관계를 자동적으로 형성하는 능력의 직접적 결과로 인해 굉장히 쉽게 '주의를 빼앗길' 수 있다.

    관계구성틀은 마음챙김 연습을 어렵게 만드는 것 외에도 인간 학습의 속도와 다양성을 기하급수적으로 증가시킨다. 이는 자극들 사이의 관계가 대상의 구체적이고 실체적인 속성뿐만 아니라 임의로 적용된 관계에 의해서도 정의되는, 점점 추상적인 언어의 세계로 우리를 인도한다. 그 결과 사람은 세상을 있는 그대로의 모습이 아닌 우리의 관계망이 말하는 대로 보기 시작한다. 사람은 성숙해지면서 직접 경험에 의존하기보다는 마음이 말하는 내용에 점점 더 의지하기 시작한다.

14

다양한 관련짓기 방식
DIFFERENT WAYS OF RELATING

우리가 살고 있는 언어의 세상은 믿을 수 없을 정도로 복잡하며, 그 안에는 다양한 자극을 서로 관련짓는 많은 방법이 있다. 인간의 언어 능력으로 관계를 도출하는 것의 중심 역할에 대해서는 퇴네케Törneke(2010)가 매우 쉽고 상세한 개요를 제공한 바 있으므로, 이 장에서는 ACT와 관계된 몇 가지 핵심 개념에만 중점을 두겠다.

등위관계 CO-ORDINATION RELATIONS

이것은 관계반응의 기본 구성 요소이자 유아기 때 처음으로 배우는 것 중 하나다. '이것은 사과다.'라는 문장은 '사과'라는 소리와 그것이 짝을 이룬 물체 사이의 등위구성틀을 확립한다. 이 훈련의 흥미로운 부산물로, '이것은 사과다.'를 배우면, '사과는 이것이다.'도 배울 수 있다. 즉 대상과 그 이름은 쉽게 교환할 수 있다. 별도로 훈련하지 않아도 역방향 관계를 도출할 수 있는 이 개념을 **상호함의**mutual entailment라고 한다. 두 가지 관계만 훈련하면 이와 동일한 기본 등위 과정이 그 안에서 **결합함의**combinatorial entailment를 이루며 확장되고, 그런 식으로 계속 늘어난다.

A는 B와 같다 그리고 B는 C와 같다

… 그리고 당신이 다음과 같은 질문을 받는다면 …

A와 C는 어떤 관계인가?

… 당신은 한 번도 직접 배운 적은 없지만 A와 C가 동일한 관계임을 도출할 수 있다. 굳이 증명할 필요도 없는 당연한 것 같겠지만, 지구상에서 이런 능력을 지닌 다른 종이 아직 발견되지 않은 점을 생각하면 이는 굉장히 인상적인 부분이다. 상호적이면서 결합적으로 의미를 부여할 수 있는 능력은 등위관계뿐만 아니라 다른 모든 관계에도 적용할 수 있다.

구별관계 DISTINCTION RELATIONS

등위가 자극들 사이의 '동일성'을 확립한다면, 구별은 차이를 확립할 수 있는 능력이다. 이것은 일관된 자기감sense of self을 발달시키는 데 매우 중요하다. RFT 연구는 '**나**는 **당신**과 **다르다**.', '**여기**는 **저기**와 **다르다**.', '**지금**은 **그때**와 **다르다**.'와 같은 구별관계를 학습하는 발전 궤적을 입증했다 (McHugh, Barnes-Holmes, & BarnesHolmes, 2004). 반대되는 구성틀의 개발은 똑같은 능력을 확장한 것이지만, 구체적인 기능적 측면에서는 더 정밀하다 (예: **뜨거움**은 **차가움**의 **반대다**).

시간관계 TEMPORAL RELATIONS

이것은 과거와 미래를 포함한 시간의 흐름에 따라 자극과 사건 사이의 관계를 형성할 수 있는 능력을 일컫는다. 이를 통해 우리는 일을 하고, 계획을 세우고, 아직 일어나지도 않은 일에 대해 불안해하고, 과거의 실수로부터 배우거나 반추할 수 있다. '내가 X를 하면 Y가 일어날 거야.'는 아직 접하지 않은 미래에 대한 가상의 결과에 바탕을 두고 있으며, 현재 우리가 어떤 행동을 할지 결정할 수 있게 해 주는 기본적인 시간 관계다.

위계관계 HIERARCHICAL RELATIONS

앞서 언급한 것처럼 사람은 패턴, 질서, 구조를 좋아한다. 이런 식으로 자극을 조직화하는 능력의 핵심이 바로 위계관계를 만들 수 있는 역량이다. 이는 본질적으로 어떤 것이 다른 것의 일부임을 알아보는 능력이다. 예를 들면 ACT는 CBT의 일부이고, CBT는 심리치료의 일부다. 사과와 바나나는 모두 과일이고, 과일은 음식에 속한다. 위계구성틀을 개발하고 강화하는 것은 특히 ACT의 실행에 있어서 핵심이다(Foody, Barnes-Holmes, & Barnes-Holmes, 2013). '관찰하는 자기'의 관점을 불러일으키기 위한 개입(예: '나는 쓸모없어'에서 '나는 내 경험들 중 일부일 뿐인 "나는 쓸모없어"라고 생각하고 있는 것을 알아차리고 있어'로 이동하도록 도와주기)을 시행하기 위해서는 위계적으로 관련짓는 연습이 필요하다.

지시관계 DEICTIC RELATIONS

지시관계는 온전한 이해를 위해 추가적인 맥락적 정보가 필요한 관계를 말한다. 예를 들어 자신을 '나'라고 지칭하려면, '나'라는 관점을 의미 있게 만들어 줄 참조 대상으로서 '당신'이 필요하다. 이것은 조망수용perspective-taking 능력을 이해하는 데 굉장히 중요하다. 나, 당신, 여기, 저기, 지금, 그때라는 구성틀이 여기에 속한다. 이것들은 어릴 때 합쳐지면서 **나-여기-지금**의 관점을 형성하고, 우리가 세상을 바라보는 기본 관점이 된다(McHugh and Stewart, 2012).

15

자극기능의 변형
TRANSFORMATION OF STIMULUS FUNCTIONS

일단 자극 관계가 도출되고 나면 우리는 관계에 반응하기 시작하고, 자극 자체는 달라지지 않아도 그 기능은 영구적으로 변할 수 있다. 대회에서 금메달을 딴 국가대표 선수들을 열렬히 응원하는 것을 상상해 보라. 국가대표 선수와 금메달을 생각하는 것은 뿌듯한 자부심과 열정 같은 욕구기능appetitive function을 지닌다. 이제 몇 주 뒤 당신이 다음의 뉴스 헤드라인 기사를 읽고 있는 것을 상상해 보라. '대회에 급히 참가하느라 도핑 테스트를 세 번이나 놓친 국가대표 선수들'. 이제 당신의 선수들은 도핑 테스트를 세 번 놓친 행동과 등위관계를 이루게 됐다. 당신은 똑같은 행동을 또 무엇과 연관 지을 수 있겠는가? 어쩌면 **뭔가 숨길 게 있으니까 약물 검사를 세 번이나 놓쳤겠지.**' 혹은 '운동 경기는 다 **사기야.**'라고 생각할 수도 있다. '선수들 - 약물 검사를 놓침 - 뭔가 숨길 세 있음 - 사기'의 관계망이 확립된 뒤에도 여전히 선수들에 대한 생각이 자부심과 열정을 불러일으키는지 스스로에게 물어보라. RFT의 관점에서 보면 선수들은 전혀 바뀌지 않은 채 선수들의 **자극기능**stimulus function만 변형됐다.

자극기능은 반응적·조작적 조건화를 통해서도 변형될 수 있다. 파생관계 반응을 통해서도 나타날 수 있다는 것은, 사람이 쉽게 활용하는 언어가 추가적인 학습의 원천임을 입증하는 것이다(Törneke, 2010). 이는 단순히 한 가지 의미나 기능만 지니고 있던 자극이나 사건이 새로운 의미나 기능을 획득하는 과정이다. 이전에는 중립자극(치과)이었던 것이 지극과의 **지**

접 접촉을 통해(치과에 갔을 때 불쾌한 경험을 함) 두려움의 근원이 될 수도 있다. 파생관계 반응을 통한 자극기능의 변형에서 흥미로운 부분은, 그것이 자극과의 직접 접촉 없이도 일어날 수 있다는 것이다. 우리는 친구가 겪은 충격적인 시술의 경험담만 듣고 한 번도 직접 진료받은 적이 없는 치과의사를 무서운 사람이라고 학습할 수 있으며, 단지 우리가 그렇게 들었기 때문에 다른 사람들에게도 그 치과의사를 조심하라고 당부할 수 있다. 물론 기능은 방향이 바뀔 수도 있다. 우리는 나중에 그 치과의사에 대한 좋은 평을 수없이 많이 들을 수도 있다. 마찬가지로 ACT 치료자는 내담자가 불안해하며 참여하기 꺼리는 노출 연습의 잠재적 이점을 알려주거나, 그것을 내담자가 달성하고 싶어 하는 것과 등위관계에 놓음으로써 기능을 변화시킬 수 있다. 이제 연습은 불안을 유발하는 것에서 희망과 흥분을 유발하는 것으로 바뀔 수 있다.

자극기능의 변형은 사람들이 잘 모르는 이론적 개념이지만, ACT를 실행하는 데 있어 매우 중요한 위치를 차지한다. 생각이나 신체 감각 같은 내적 자극이든 외적 자극이나 사건이든 상관없이, 자극이 기능하는 방식을 변화시키는 것은 ACT의 핵심 목표 중 하나이며 내용보다는 맥락을 변화시킨다는 개념에도 부합한다.

16

일관성
COHERENCE

사람은 납득 가능한 것을 좋아한다. 당신이 자신을 이해하거나 당신이 이해할 수 있는 경험, 관점, 동기를 가진 사람을 만나면 큰 힘이 될 것이다. 결말이 열려 있거나 헷갈리는 것보다는 줄거리가 명쾌하게 이해되는 영화를 볼 때 훨씬 더 만족감을 느낀다. 우리 모두에게 **일관성**coherence은 그저 막연한 바람이 아니다. 그것은 우리가 세상에서 효과적으로 기능하기 위해 꼭 필요한 것이다. 실제로 일관성은 우리가 언어를 사용하는 방식에 이미 내재되어 있고, 우리는 아주 어렸을 때부터 '앞뒤가 맞아야' 한다는 개념을 배운다.

14장에서 나왔던 등위 개념을 생각해 보자. 영어에서는 '똑같다same'는 단어가 등위를 가리킨다. 만약 누군가 이 단어를 이런 용법으로 사용한 뒤 다음 문장에서 차이나 우위 같은 대체적인 개념을 나타내기 위해 '똑같다'는 말을 사용한다면 매우 혼란스러울 것이다. 언어를 사용하면서 그 의미를 신뢰성 있게 전달하려면 단어들이 일관되게 동일하게 기능해야 한다. 효과적인 의사소통을 위해서는 화자와 청자가 동일한 관계를 도출할 수 있어야 하기 때문에 언어 안에서 어느 정도의 일관성이 필요하다. 일관성 부족으로 인한 혼란스러운 효과를 경험하고 싶다면 이해하기 어려운 강의를 들어 보면 된다. 이렇게 일관성은 우리의 언어 안에 짜여 있고, 다른 사람들에 의해 일관성 있는 의사소통이 반복적으로 강화된다. 그 결과 우리 모두에게 일관성이 강화제가 되면서, 우리는 자라면서 일관되고 예측 가능하고 안전한 세상을 가장 선호하게 된다(Blackledge, Moran, & Ellis, 2008).

우리는 모두 직접 경험의 구성 요소들에 등위적으로 상징을 맞춰 온(예: '이것은 사과다.') 오랜 역사를 지니고 있기 때문에, 온 세상에 상징(예: 경험을 지칭하기 위해 사용하는 단어)과 사건이 떼려야 뗄 수 없이 연결된 곳들 천지다. 이렇게 상징적 세계와 물질적 세계의 융합이 일어나면서 일종의 **필수적 일관성**essential coherence이 나타나게 된다. 즉 내부 세계와 외부 세계가 서로 딱 들어맞는다는 것을 입증하고 싶어지는 것이다(Villatte, Villatte, & Hayes, 2016). 우리는 자신의 생각이 '진실'이라고 생각하고 싶은 마음에 신념과 생각을 열렬히 방어할 수 있다. 자신이 쓸모없다는 생각을 하는 것은 별로 좋은 일은 아니다. 설령 우리의 역사적 맥락에서 볼 때 그렇게 생각할 만하더라도, 종종 혹은 가끔은 사력을 다해 그에 대한 대안적 해석을 옹호할 것이다. 다른 사람의 칭찬이 당신이 생각하는 자기 모습과 안 맞아 흘려들었던 적이 얼마나 많았는지 생각해 보라. 익숙한 얘기 같은가? 인간 사회에 온 것을 환영한다! 우리 대부분은 '나쁜' 일관성을 비일관성보다 훨씬 선호한다.

ACT 치료는 사람들로 하여금 **필수적 일관성**이 의미 있는 삶을 추구하는 데 방해가 된다는 것을 알아차리고, 그 대안으로 **기능적 일관성**functional coherence을 향해 나아갈 수 있도록 도와주는 것이다. 단순히 자신의 생각과 경험을 일치시키려고 하기보다는 효과가 있는 것을 추구하게끔 해야 한다. ACT에서는 '그것은 진실인가?'보다 '그것은 도움이 되는가?'가 더 중요한 질문이다.

17

선물이자 저주로서의 언어
LANGUAGE AS A GIFT AND A CURSE

앞의 몇 장이 인간 언어의 놀랍고도 복합적인 본질을 살펴보는 데 도움이 됐기 바란다. 좋든 나쁘든 언어는 지구상에서 영장류라는 종을 독보적인 지배적 위치로 끌어올렸다. 인간은 신체적 단점이 많다. 날지도 못하고, 물속에서 숨쉴 수도 없으며, 극한의 온도를 견딜 수도 없고, 몸도 꽤 허약하다. 하지만 의사소통하고, 함께 뭉치고, 조직화하는 능력은 인간에게 놀라울 정도로 진화적 이점을 안겨 주었다. 한때 200여 종의 대형 포유류가 지구를 거닐었고, 이 중 약 절반이 인간에 의해 멸종했다고 한다(Harari, 2014). 고고학 기록에 따르면 호모 사피엔스가 등장한 지역에서는 얼마 되지 않아 생태계가 변하고 다른 동물들이 멸종하는 익숙한 패턴이 나타났다. 우리는 환경을 우리의 의지대로 변형시키고, 거대한 문명화를 진행하고, 종교와 상업의 복잡한 체계를 창조하고, 다른 행성을 탐사하고, 우주의 비밀을 풀었다. 언어가 우리에게 선사한 힘, 유연성, 창조성은 실로 놀랍다. 인간의 유아는 다른 동물이 못 하는 것을 할 수 있다. 비록 우리가 언어를 항상 좋은 쪽으로만 사용하는 것은 아니지만, 언어가 가장 놀라운 선물임을 부인하기는 어렵다.

언어가 우리에게 불리하게 작용하고 다른 동물에게는 해당하지 않는 방식으로 우리를 구속하기도 한다. 치료자의 관점에서는 언어와 인지가 행동을 어떻게 통제하는지가 가장 흥미로운 부분이다. 저자들 둘이서 훈련 워크샵을 진행하나 보면 흔히 청중들이 굉장히 제한된 행동만 하는 것을 볼 수 있다. 청중들은 대개 얌전히 앉아서 정면을 바라보고 종종 필기를 한다. 만약 한 청중에게 왜 그렇게 제한된 행동만 하냐고 묻는다면, 자신은 배우기 위해 왔고 그런 행동은 배울 수 있는 기회를 최대한으로 높여 주기 때문이라고 대답할 것이다. 본질적으로 그들의 마음이 행동을 직접 제한하고 있는데, 다행히 이런 상황에서는 그런 식의 행동 통제가 굉장히 유용하다. 청중이 이 정도의 통제도 없이 다섯 살짜리 애들처럼 행동한다고 생각하면 끔찍할 것이다.

하지만 정확히 이와 똑같은 기전이 훨씬 덜 기능적인 방식으로 작동할 수 있다. 자신이 쓸모없다는 생각을 하고 있는 사람을 상상해 보라. 스스로 쓸모없다고 믿으면 행동 레퍼토리가 상당히 많이 제한될 것이다. 무수히 많은 상황에서 기회를 외면하고, 위험을 감수하지 않으며, 할 수 없다고 생각할 것이다. '나는 쓸모없어.'가 운전석에 앉아 무수히 많은 해로운 방식으로 행동을 제한하는 것이다.

인간 언어는 우리의 행동에 엄청난 통제력을 행사하고, 우리는 자라면서 점차 환경에 참여한다. **있는 그대로의 모습으로**as it is 직접 참여하는 것이 아니라, 언어와 의식이 **말하는 대로**tell us it is 말이다. 이 과정에서 벗어나기란 굉장히 힘들며, 그 결과 우리는 다른 동물에게는 굳이 필요하지 않은 방식으로 존재하기 위해 끝없이 반추하고, 걱정하고, 씨름한다. 동물의 의식은 확고하게 지금 여기에 자리잡고 있다. 기린은 내년 여름에 충분한 음식과 물을 먹을 수 있을지에 대해 걱정하지 않는다. 사자는 과거의 실수를 곱씹지 않는다. 로버트 새폴스키Robert Sapolsky(2004)의 말을 빌리자면, 얼룩말에게는 위궤양이 생기지 않는다.

18

통제라는 환상
THE ILLUSION OF CONTROL

인간이 차지하고 있는 지배적 위치를 생각하면 우리가 눈에 보이는 모든 것의 지배자라고 여기기 쉽다. 우리는 환경을 통제하고 원할 때 원하는 것을 얻는 데 익숙하다. 우리가 모든 것을 통제할 수 있다는 환상은 매우 매력적이어서, 이는 종종 내부 세계를 바라보는 방식으로까지 확장된다. 우리는 괴로움에 빠져 있을 때 자신에게 이렇게 말하는 것을 들을 수 있다. '울지 마.', '걱정 마.', '스스로 잘 다잡자.', '마음 한구석에 넣어 놔.', '마음을 추스려.', '정신 차려.' 위의 말들은 대개 친절하고 선의의 마음을 담고 있다. 그것들은 모두 우리가 내적 경험을 통제할 수 있고, 그 덕분에 우리가 기억을 지우고, 감정을 안 느끼고, 생각을 아예 안 할 수도 있다고 암시한다. RFT는 이런 것들이 우리가 바라는 것과는 상당한 거리가 있음을 보여 준다. 관계망은 한번 형성되고 나면 쉽게 제거되지 않는다. 스티븐 헤이즈Steven Hayes가 든 예를 사용해서, 다음에 나오는 단어들을 순서대로 읽은 뒤 마음이 하려는 것을 **억제할** 수 있나 해 보라.

ⓐ 메리는 작은 ＿＿＿＿＿＿ 을 가지고 있었다.

ⓑ 일 이 삼 사 ＿＿＿＿＿＿

ⓒ 사람들이 나를 평가하는 것을 느낄 때마다 나는 ＿＿＿＿＿＿ 기분이 든다.

어땠는가? 흐름에 따라 관련짓는 과정을 멈출 수 있었는가? 마음이 관련짓기 작업을 하고 있을 때는 우리가 원한다고 해서 하던 일을 멈추지 않는다. 당신이 마음챙김 연습을 해 본 적이 있다면 아마 1분도 안 돼서 산만해진 적이 있었을 것이다. 축하한다! 당신의 마음은 맡은 업무, 즉 언어와 관계구성틀을 활용해 여러 가지를 서로 관련짓고 세상을 이해하는 일을 열심히 하고 있다.

RFT에서는 이러한 관련짓기 과정이 한번 시작되고 나면 중단하기 어렵다고 본다. 우리가 내부 사건을 통제하는 연습을 할 수 있다는 것은 환상이다. 실용적 관점에서 이것이 의미하는 바는, 위에서 설명한 '통제' 지침은 원치 않는 생각을 다루는 데 성공할 가능성이 낮기 때문에 대안적 방법이 필요하다는 것이다. 이 시점에서 RFT에 대한 강의를 더 이어 가기보다는 잠시 스스로를 되돌아볼 것을 권하고 싶다. 마음이 당신에게 '걱정 마.'라고 말하는 것도 괜찮은 방법이기는 하지만, 경험은 당신에게 뭐라고 말할까? 가장 최근에 누군가 당신에게 "걱정 마."라고 말했을 때 당신은 그 말을 듣고 정말 걱정을 멈췄는가? 마음이 단기적으로 걱정하는 과정을 중단할 수도 있겠지만, 장기적으로는 다시 걱정으로 돌아갈 수밖에 없다. 우리의 임상적 경험상 이런 유형의 '통제' 의제agenda는 최선의 경우 별 도움이 안 되며 최악의 경우에는 내담자의 웰빙과 자기효능감을 손상시킨다. 우리에게 필요한 것은 개방성을 갖추는 것을 특징으로 하는 다른 의제이며, 우리는 이 책 전반에 걸쳐 이 아이디어를 다룰 것이다.

19

경험회피
EXPERIENTIAL AVOIDANCE

우리는 언어의 결과로 인해 '시간 여행'을 할 수 있는 독특한 능력을 지니게 됐다. 마크 트웨인Mark Twain은 이런 명언을 남겼다. **"내 삶은 끔찍한 불행으로 가득 차 있다. 그 대부분은 전혀 일어나지 않았지만."** 이 말은 우리가 수없이 많은 버전의 과거와 미래를 생각하고, 실수를 반추하고, 실제로 일어나지도 않은 일을 걱정하는 데 셀 수 없을 정도로 많은 시간을 보낼 수 있는 능력이 있음을 보여 준다. 다시 자극기능 변형 개념으로 돌아가면, 과거나 미래의 힘들거나 고통스러운 사건에 대한 생각은 실제 사건과 동일한 기능을 발휘할 때가 많다. 예를 들어 과거의 외상에 대한 기억은 흔히 처음 그 일을 겪었을 때 느꼈던 괴로운 감정을 똑같이 불러일으켜 일종의 '플래시백flashback'처럼 경험할 수 있다. 우리는 거의 끊임없이 상상하고 평가하게 만드는 이러한 정상적인 언어 및 인지 과정의 결과로 인해 즐거움과 괴로움을 창조하는 능력을 얻게 된다. 어느 정도의 고통은 불가피하지만, **엄청난** 수준의 괴로움을 경험할 수도 있다. 고통이 당신에게 다가오고 있고 당신은 그것을 마주할 수도 있고 피할 수도 있다면, 무엇을 선택하겠는가? 고통이 의미 있거나 중요한 것(예: 마라톤 달리기 훈련)이 아니라면 대부분의 사람들처럼 당신 역시 피하는 것을 선택할 것이다. 우리가 불쾌하고 위협적이고 위험하다고 여기는 것을 피하려는 욕구는 아주 오래된 것이다. 인류는 지구상의 일개 종으로 수십만 년 동안 피하면서 살아왔고, 이러한 회피는 우리의 행동 레퍼토리에서 전적으로 기능적인 부분이다. 모든 유기체는 생존을 위해 다가가야 할 자극과 피해야 할 자극을 학습해야 하는데, 아주 일반적인 경험칙은 피해야 할 것으로부터 거리를 두는 것이다. 이것은 외부 세계에는 매우 잘 작동한다. 당신은 살면서 포식자나 위험한 독소를 피하고, 차가 쌩쌩 달리는 찻길에서 물러나는 법을 배웠을 것이다. 여기까지는 좋다. 문제는 당신이 고통스러운 생각, 기억, 감정 같은 내부 세계에 대해서도 혐오적인 사건과 똑같은 규칙을 적용하도록 학습한 데서 발생한다. 사람은 불편한 내부 사건을 피하는 광범위한 행동 레퍼토리를 갖고 있다. 몇 가지만 예를 들면 바쁘게 지내기, 주의전환, 구태의연한 회피행동, 물질사용, 자해 등이 있다. ACT에서는 이러한 유형의 행동을 **경험회피**experiential avoidance라고 부른다.

경험회피 자체가 역기능적인 것은 아니며 최소한 단기적으로는 매우 효과적으로 괴로움에서 벗어나거나 안도감을 제공해 줄 수 있다. 하지만 장기적으로 여기에 의존하기에는 최소한 두 가지 걸림돌이 있다. 첫째, 원래의 문제에 더해서 회피행동이 추가적인 이슈가 될 수 있다. 예를 들어 술을 마시면 일시적으로 고통이 무감각해지지만 장기적으로는 신체적·심리적으로 수많은 건강 문제가 생긴다. 둘째, 회피행동은 의미나 가치 있는 행동을 추구하려는 우리의 능력을 방해하는 경향이 있다. 우리가 원치 않는 것을 피하는 데 많은 시간을 할애하면 원하는 것을 향해 다가갈 수 있는 시간이 줄어들게 된다. ACT 치료자는 경험회피의 이 두가지 부분에 명확히 초점을 맞추는 데 관심을 기울인다.

20

인지융합
COGNITIVE FUSION

심리적 개입을 찾는 대부분의 사람들은, ACT를 접하기 전까지 대개 원치 않는 내적 경험을 다음 두 가지 범주 중 하나의 방식으로 다뤄 왔다. 하나는 앞 장에서 설명했던 경험회피이고, 다른 하나는 **인지융합**cognitive fusion이다. 인지융합은 언어가 작동하는 방식에 의한 또 다른 중립적 산물이다. RFT는 생각을 그것이 설명하는 자극과 긴밀한 등위관계를 유지하는, 단어나 이미지의 형태를 지닌 임의적 상징으로 본다. 생각은 동일한 자극의 기능을 '떠올리는' 것과 동등한 방식으로 기능한다. 예를 들어 과거에 했던 인터뷰를 기억하는 것은 그 인터뷰 동안 느꼈던 것과 똑같은 불안을 유발할 수 있다. '인터뷰'라는 단어에 담긴 불안 유발 기능은 어떤 특정한 상황이나 기억과도 명확히 결부되어 있지 않지만, 단지 그 말을 언급하는 것만으로도 소름이 돋는다. 이런 식으로 언어는 문자 그대로가 되고 언어와 그 지시 대상은 동일한 것처럼 여겨지기 때문에, 우리는 마음의 내용을 물리적 실체인 것처럼 간주하며 관계를 형성한다.

이러한 즉물성literality은 사람들이 내적 경험에 접근하는 방식에 지대한 영향을 끼칠 수 있다. 헤이즈 등(1999)은 '나는 우울하다.'라는 생각을 말로 표현하는 내담자의 예를 든다. 이 문장의 관계를 각 부분으로 나누면 '나'가 맥락적 단서인 '는'을 통해 '우울하다'와 등위구성틀을 이루고 있다. 혹자는 '나' = '우울하다'라고 이해하기도 한다. 설명은 내담자의 정체성과 언어적 꼬리표label를 **융합하고**, 이미 우울증과 관련되어 있는 다른 개념을 고려할 때 그 혼합물에 더 추가할 수 있는 것을 쉽게 떠올릴 수 있다. 내담자가 이 꼬리표와 동일시할수록 자신과 꼬리표를 구별하기 어려워지고, 자신이 꼬리표가 의미하는 속성에서 벗어나 다른 방식으로 행동할 수 있는 사람이라고 생각하지 못하게 된다. 그래서 꼬리표는 행동 레퍼토리를 좁히는 작용을 하며, '나는 우울하다.'는 중요하고 의미 있는 다양한 활동을 하지 못하는 이유가 된다(예: '난 우울하기 때문에 새로운 사람들과 얘기할 수 없어').

우리가 자라면서 점차 언어적으로 구성된 세상에서 살아가기 시작하면서, 내부 사건과 외부 사건을 '마음에서 그렇다고 하는 내용'과 구분해서 '있는 그대로의 모습'으로 바라보기가 어려워진다. 마치 경험회피처럼 단순히 생각과 이유를 **따르는**going along with 것이 그것과 싸우고, 통제하고, 억제하는 것보다 더 쉽다. 하지만 생각의 내용과 융합하는 것은 협소하고 융통성 없는 행동 패턴을 낳기 때문에, 우리에게 중요한 것을 고려하지 않은 채 자동적으로 그렇게 따르는 것이 더 좋은 경우는 극히 드물다. 앞의 예를 다시 생각해 보자. '나는 우울하다.'라는 생각과 융합되고 그런 생각이 운전석에 앉아 있다면, 그런 생각을 더 초연한 관점에서 바라보는 법(**우리**가 운전자이고 생각은 동승자라는 것)을 배울 때보다 더 제한된 행동만 할 수 있을 것이다.

21

규칙지배행동
RULE-GOVERNED BEHAVIOUR

경험회피와 마찬가지로, 인지융합 역시 그 자체로 문제가 있는 것은 아닙니다. 상징과 사건 간의 안정적인 등위는 당연히 효과적인 기능에 매우 중요하다. '태양'이라는 단어가 가리키는 대상이 몇 분 간격으로 변하지 않고 언제나 하늘에 떠 있는 커다랗고 노란 물체를 가리키는 것은 사회적 상호작용에 유용하다. 융합은 내적 안정성에도 도움이 된다. 맥휴McHugh 등(2004)은 발달 연구를 통해, 아이가 시간이 지남에 따라 학습된 관계의 집합으로 정의되는 일관된 자기감을 형성한다고 제시했다. 연구자들은 다른 사람의 관점(**당신-거기-그때**)과 구분되어 우리가 세상을 바라보는 장소(**나-여기-지금**)로서 '나다움I-ness'이라는 느낌을 설명했다. 일관되게 **나**와 **당신**, **여기**와 **저기**를 구별하지 못한다고 상상해 보라. 우리 삶의 경험에서 일관성이 사라질 것이고 우리의 자기감은 흩어질 것이다. 따라서 **나-여기-지금**의 융합은 필수적이지는 않더라도 유용하기는 하다.

ACT는 맥락적 개입이고, 인지융합은 의미 있는 가치나 목표를 방해함으로써 내담자에게 도움이 안 될 때만 개입 대상이 된다. 융합이 도움이 안 되는 상황의 한 가지 예로, 상황에 따른 피드백이나 효과보다는 생각, 규칙, 이유의 지배를 받는 융통성 없는 행동을 하는 경우가 있다. 대개 이럴 때는 내담자의 학습 이력의 한 시점에 규칙을 따르는 것이 강화됐을 가능성이 높다. 직장에서 '난 일을 잘해야 해.'라는 생각에 지배된 행동을 하는 잰의 경우를 보자. 그는 완벽을 강조하고 가능한 최고의 보고서를 만들기 위해 몇 주 동안 밤낮으로 일한다. 이 과정은 전혀 즐겁지 않고, 업무에는 언제나 비판받을 여지가 있어 보인다. 비록 그가 보고서를 작성하는 데 걸리는 시간 때문에 업무 능력에 대한 문제가 제기되기도 하지만, 객관적으로 볼 때 잰의 보고서는 훌륭하다. 잰은 관리자가 효율성을 높이라고 얘기하면 보고서를 충분히 잘 만들지 못할까 봐 두려운 마음에 더 빨리 만들기 꺼려하고 힘들어한다. 그가 '난 일을 잘해야 해.'와 융합되어 있고 그 생각이 행동을 지배하는 한, 그가 행동을 유연하게 하기는 어려울 것이다. 만약 잰이 그런 생각을 지니고 있다는 것을 알아차려서 대응 방법을 더 유연하게 선택하고, 더 넓은 맥락에서 (단기적인 것을 넘어서) '효과가 있는 것'을 살펴본다면, 관리자도 더 흡족할 것이고 잰 또한 보고서를 작성하는 시간에 더 보람된 활동을 할 수 있을 것이다.

우리가 따르도록 배운 많은 규칙은 내부적·사회적으로 구성된 관계에 기반한 것으로, 직접적인 환경적 수반성과는 거의 관계가 없다. '남자는 울면 안 돼'가 좋은 예다. 실제로는 남자도 울고, 자신의 취약한 부분을 남에게 드러냄으로써 매우 큰 힘을 얻기도 한다. 만약 누군가 무조건적으로 이 규칙을 지키려고 한다면, 운 것에 대한 자기비판이나 죄책감 같은 부정적인 결과가 따를 것이다. 한 가지 중요하게 기억해야 할 것은, 규칙은 그저 언어적 관계의 집합일 뿐이기 때문에 그 자체만으로는 해롭지 않다는 것이다. 규칙을 따르는 것이 도움이 되는지 전혀 추적하지도 않은 채 경직되게 고수할 때 비로소 해롭게 된다. 많은 규칙이 처음에는 타당한 이유로 생기지만, 시간이 흐름에 따라 맥락이 변하면서 규칙의 기능도 달라지는지 지속적으로 확인하는 것이 중요하다.

ACT의 핵심 과정
KEY PROCESSES IN ACT

22

ACT의 대상
THE TARGETS OF ACT

ACT는 증상 감소 모형에 근거하지 않는다는 면에서 다른 치료 기법과 차이가 있다. ACT는 가치기반 행동을 늘리면서도 이 과정에서 나타나는 내부 장애물을 능숙하게 다루는 것을 목표로 한다. 비록 ACT가 증상 감소에 초점을 맞추지는 않지만, 대개 그 결과 증상도 같이 줄어들거나 증상을 상당히 다른 관점으로 바라보게 된다(기분이 나아지는 feeling better 것과 **기분을 낫게 여기게 되는** being better at feeling 것의 차이라고 할 수 있다). 개입을 시작할 때부터 의미 있고 잘 사는 삶이 어떤 모습일지 물어보는 것이 중요하다.

만족스럽고 충만하고 의미 있는 삶을 살기 위해 노력하는 것은 단절, 불안, 동기 부족처럼 내담자가 도움을 바라는 몇몇 증상을 감소시키는 데도 어느 정도 도움을 줄 수 있다. 의미와 목적을 가져다주는 활동과 관계에 참여하는 것은 본질적으로 보람된 일이다. 물론 그런 삶을 산다는 것은 안전지대를 벗어나 열린 마음으로 힘든 감정이나 위험을 감수함을 의미한다. 여기서 오직 증상 감소에만 초점을 맞추는 개입은 없애야 할 감정과 그렇지 않은 감정을 구분하지 못하는 딜레마에 빠지게 된다. 이것이 바로 ACT가 다른 입장을 취하는 이유다.

ACT는 내담자가 자신의 삶에서 정말 중요한 것을 탐색할 수 있게 돕는다. 어떤 면에서 보면 이것은 커다란 질문을 던지는 실존치료일 수도 있다. 종종 대답이 크기보다는 오히려 조용하고, 작고, 개인적일 수도 있지만, 이는 매우 값진 것이다. 질문에 대답하는 것만으로는 충분하지 않다. 질문을 어둠 속에서 길을 밝히며 나아가야 할 새로운 길을 안내하는 능동적인 길잡이로 삼아야 한다.

ACT는 내담자가 자신의 가치를 길잡이로 활용해서 의미 있는 방향으로 행동할 수 있게 해 준다.

물론 삶은 자신의 가치를 알고 경로를 설정하는 것처럼 그리 단순하지 않다. 여정을 가는 동안 필연적으로 장애물이 나타나게 마련이다. 본능적이거나 자동적 학습은 이런 장애물을 극복할 수 없거나 피하라고 하는 반면, ACT는 이런 경험에 능숙하게 대응할 수 있는 방법을 제시해 준다. 이것은 그런 경험이 불어닥쳤을 때 날아가지 않도록 바람 앞의 갈대처럼 딱딱하지 않고 유연하게 진실을 고수하는 것이다. 결정적으로 이는 자동적 반응을 끌어내는 과거나 미래의 개념이 아닌, **실제로 우리가 당면한 것에** 대응할 수 있음을 의미한다. 경험회피와 인지융합은 이러한 자동적 반응이 나타나는 방식으로서, 내담자에게 도움이 안 된다면 ACT의 개입 대상이 된다.

23

심리적 유연성
PSYCHOLOGICAL FLEXIBILITY

방금 팀장이 당신이 팀원들과 함께 올린 프로젝트 제안서를 신랄하게 비판했다고 상상해 보라. 팀장은 제안서를 대충 흘어보고 "생각 없고 어설프군."이라고 폄하했다. 당신은 지난 6개월 동안 그 제안서에 모든 것을 쏟아부었으며, 지금은 팀장이 어떻게 그럴 수 있는지 상처와 분노가 섞인 격한 감정을 느낀다. 당신은 팀장실로 가서 마음속에 떠오르는 생각을 말할 준비를 한다. 하지만 당신은 팀장실로 가려고 일어나려다가 잠시 멈춘 뒤, 호흡을 가다듬고 마음의 영향력을 알아차린다. 당신은 여기서 정말 중요한 것이 무엇인지 확인하기로 마음먹고, 팀을 위해 최선을 다해야 한다는 것을 깨닫는다. 당신은 팀원들과 상의해서 다음 단계를 신중히 고려하기로 결정한다.

이는 ACT 과정의 핵심인 심리적 유연성psychological flexibility을 실전에 적용한 예다. 심리적 유연성은 가치 있는 목적에 다가가는 움직임을 뒷받침하는 행동 패턴을 실행하기 위해 현재 순간과 온전히 연결될 수 있는 능력을 말한다(Hayes, Strosahl, & Wilson, 2012). 위의 예에서 당신이 바로 떠오른 생각과 감정에 따라 행동했다면 (자신에게 굉장히 큰 손해를 끼칠 수 있는) 분노 폭발로 이어졌을 것이다. 심리적 유연성은 가치기반 행동 패턴을 반영하는 대안적 지침에 따라 대응할 수 있게 해 준다.

일반적으로 위협적인 자극이 있는 상황에서는 행동 반응이 협소해지고 경직되기 쉽다. 길을 건널 때 우리를 향해 돌진하는 차든 하이킹에서 우리를 쫓아오는 곰이든, 위협을 맞닥뜨리면 안전을 확보하기 위해 길에서 뛰쳐나오거나 반대쪽으로 도망쳐야 하기 때문에 이러한 행동은 기능적이다. 이런 행동은 회피의 **유용한** 예인 동시에, 우리가 무섭거나 위협적인 것을 마주치는 모든 순간에 실행하는 기능적으로 협소하고 경직된 반응 유형이기도 하다. 내적 경험(생각, 감정, 기억, 감각)과 외적 경험을 똑같이 여기는 인간의 마음 때문에 **유용하지 않은** 협소하고 경직된 행동이 나타난다. 맨 처음 예에서, 당신이 상처받고 분노가 치미는 느낌을 문자 그대로의 실질적 위협으로 느끼며 대응했다면 분명 유용하지 않은 행동으로 이어졌을 것이다. 팀장에게 소리를 지르거나 불필요한 말들을 쏟아내는 것처럼 말이다. 당장 직장을 잃고 싶지 않다면, 이 상황에서는 처음 나타난 내적 경험에 따라서만 행동하지 말고 폭넓고 개방적이고 유연한 대응이 필요하다.

심리적 유연성은 심리적 건강, 발달, 효과적인 행동을 설명하는 6개 과정으로 구성된 모형이다(Wilson 2016; 27장 참조). 이 과정은 연구 프로그램에서 폭넓게 탐색됐으며, ACT 모형에서 예측하는 대로 심리적 유연성은 일관되게 ACT 개입의 결과를 매개하는 것으로 나타났다(Ruiz, 2010).

24

변별과 추적
DISCRIMINATION AND TRACKING

내담자는 흔히 자신의 문제가 무엇이고 어떻게 달라지고 싶은지 명확히 알고 있는 상태에서 전문가의 도움을 구하러 찾아온다. 하지만 대개 자신이 당면한 갇힘의 순환주기cycles of stuckness를 만들어 내는 다른 구성요소들이 작동하는 방식은 명확히 인식하지 못한다. 이는 사실상 토네이도가 불어오고 있는 한복판에서 무슨 일이 벌어지고 있는지 모르고 있는 것과 같다. 치료자가 할 일은 토네이도를 잠시 멈춘 뒤, 내담자와 함께 다른 면들을 관찰하고 그것들이 서로 어떻게 연결돼 있는지 파악할 수 있게 하는 것이다. 이 두 가지 기술을 **변별**discrimination과 **추적**tracking이라고 부른다.

변별은 우리와 우리의 행동을 주변 세계로부터 분리할 수 있는 언어적 기술 또는 능력을 일컫는다. 우리가 생후 초기에 하는 기본적인 변별 중 하나는 우리가 주변 세계, 그중에서 특히 양육자와 다르다는 것이다. 우리가 자신과 타인을 분리하는 경계가 있음을 인식하기 시작하면서, 환경에 영향을 줄 수 있는 능력은 물론이고 서로 다른 욕구와 소망을 가질 수 있음을 알아차리게 된다. 우리는 행동이 주변 공간에 영향을 줄 수 있음을 배운다(공간구성spatial framing: 내가 손뼉을 치면 거기 있는 당신의 주의를 끌 것이다). **행동에 반대되는** 것도 알게 된다(반대구성oppositional framing: 내가 울지 않으면 관심을 못 받을 것이다). 지금 행동한 결과가 나중에 나타난다는 것도 발견한다(시간구성temporal framing). 이를 통해 궁극적으로 다른 사람의 관점을 취하는 법을 배우게 된다(당신의 관점은 나와 다르다). 이 모든 것은 '나는 행동하고 있고, 그에 따른 효과가 존재한다.'라는 말과 같다.

치료자는 내담자가 자신의 행동을 변별하고, 행동을 형성하는 수반성을 알아차리도록 돕는다. 환경에서 일어난 사건 같은 외적 영역이나 감정 같은 내적 영역에 대해 모두 욕구자극과 혐오자극을 변별할 수 있다. 이런 방식으로 내담자는 행동뿐만 아니라 행동을 통제하는 요인도 변별하는 법을 배운다. 예를 들어 치료자는 내담자가 비판받는다고 느낄 때 상처받은 느낌과 쓸모없다는 생각을 경험하면서 자신을 보호하는 행동(방어적으로 덤비기)을 한다는 것을 알아차리도록 도울 수 있다. 또한 치료자는 내담자가 목표 달성이나 가치 있는 실천의 맥락에서 이런 행동의 결과를 알아차리도록 돕는다.

이 모든 것은 추적의 발판이 된다. 엄격한 행동학적 정의에 따르면, 이전에 규칙을 따르는 것이 강화된 이력이 있기 때문에 추적은 규칙지배행동에 속한다. 대부분의 사람들은 번잡한 길가로 나서기 전에 주위를 둘러본다. 이것은 아주 잘 작동하는 규칙이고, 우리가 계속 생존해 있다는 것이 이 규칙을 뒷받침한다. 더 넓은 관점에서 추적은 맥락과 행동 사이의 기능적 관계를 설명하는 능력을 일컫는다. 위의 치료 예에서 내담자는 상사로부터 비판받았을 때 덤비는 것이 어떻게 자신의 안전을 확보하고 위협감을 줄이는 동시에 중요한 관계를 손상시키는 기능을 하는지 관찰하려고 노력할 수 있다.

내담자가 행동을 효과적으로 변별하고 추적하는 법을 학습하면, 통제 불가능한 토네이도 밖으로 벗어나 자신의 행동의 영향력을 알아차리는 법을 배우고 능숙하게 행동 반응을 선택할 수 있다.

25

행동 레퍼토리 확대하기
WIDENING BEHAVIOURAL REPERTOIRES

내담자의 심리적 유연성을 증진하면 자극(원치 않는 감정 등)에 대한 반응 폭을 넓힐 수 있는데, 이는 일반적으로 특정한 기능계열에 속하는 반응을 끌어낸다. 기능계열functional class은 겉으로 드러나는 양상topography에 상관없이 모두 동일한 효과를 나타내는 반응을 말한다. 불안을 유발하는 사건에 직면했을 때 회피하는 행동이 좋은 예가 될 수 있다. 회피의 양상과 심각도는 굉장히 다양할 수 있겠지만(음주, 감정 억제, 걱정, 과도한 운동 등), 그 이면에 있는 기능은 정확히 똑같다. 바로 위협으로 느껴지는 것을 제거하거나 완화하는 것이다. 바쁘게 지내기, 긍정적으로 생각하기, 행복한 척하기처럼 슬픔을 감소시키는 데 중점을 두는 행동들도 마찬가지다. 이것들이 겉으로 드러나는 양상은 굉장히 다르지만, 슬픈 감정과의 접촉을 감소시킨다는 점에서는 똑같은 기능계열에 속한다. 만약 오직 불안을 회피하고 슬픔을 감소시키는 식으로만 대응한다면 행동 범위는 지나치게 좁아질 가능성이 높다.

물론 반응하는 계열이 협소한 것이 전부 문제인 것은 아니다. 전반적 유용성과 ACT 관점에서 그것이 자신이 선택한 가치를 얼마나 방해하는지 평가해야 한다. 지나친 회피가 삶을 얼마나 제한할 수 있는지는 쉽게 떠올릴 수 있다. 실제로 이것은 불안장애의 전형적인 특징이다.

따라서 ACT 치료자는 내담자가 원치 않는 경험을 하는 상황에서 평소 잘 하지 않는 방식으로 행동을 변화시켜 나가도록 돕는다. 불안을 유발하는 상황에서 회피행동을 안 하는 것(예: 노출)이나 슬픔에 직면했을 때 특정한 행동을 하는 것(예: 행동활성화)이 여기에 속한다. 실제로 여러 가지 면에서 행동보다는 그 기능이 중요하다. 레퍼토리에 행동을 추가하며 확장하는 것은 유용할 때가 많다.

행동 레퍼토리를 확장한다는 것은 협소한 범위의 반응을 유발하는 자극이 존재하는 상황에서 대안적 반응을 만들어 갈 수 있음을 의미한다. 새로운 행동은 어느 정도 내담자에게 유용해야 한다. 개입의 측면에서 볼 때 새로운 행동은 내담자가 원치 않는 경험에 직면했을 때 더 효과적으로 반응함으로써, 내담자가 선택한 방식대로 행동하거나 행동을 유지하게 도와줄 수 있다. 그래서 ACT 치료자는 내담자가 행동이 얼마나 도움이 됐는지, 다시 그 행동을 선택할 것인지의 관점에서 평가하게 도와줄 것이다. 궁극적으로 행동이 유용하다고 밝혀진다면 내담자가 그 행동을 유지하게 도와준다. 이는 곧 행동을 연습하고 리허설해서 레퍼토리에 담아 놓은 뒤 미래에 활용할 수 있음을 의미한다.

26

과정을 중시하기
A FOCUS ON PROCESS

생각, 느낌, 감각, 행동에 대해 얘기할 때는 마치 이것들을 상호작용하는 별개의 것처럼 여기기 쉽다. 이 때문에 문제를 유발하는 구성 요소를 찾아서 변화시키거나 조정하는 것을 목표로 삼는다. 하지만 행동주의적 관점에서는 이것들을 그렇게 깔끔하게 구분하지 않는다. 스키너(1953)는 행동(생각을 비롯해 유기체가 하는 모든 것을 포함하는)이 정적인 물체가 아니라 끊임없이 변화하는 유동적인 과정이기 때문에 복잡하다고 말했다. 물결을 은유로 사용해서 행동을 바라보자. 물결을 변화시키기 위해서는 물결 자체를 변화시키기보다는 물결이 흐르는 환경(맥락)을 변화의 대상으로 삼는 것이 더 타당하다. 여기에는 바위나 통나무처럼 물결을 막는 것도 있을 것이고, 실제 물결의 이동 방향을 결정하는 강바닥도 있을 것이다. ACT는 이런 관점에서 행동이 발생하는 맥락을 변화시킴으로써 행동이 의도한 방향으로 흘러가게 하는데 중점을 둔다.

ACT에서 흔히 하는 말이 있다. 개입은 내담자가 **나은**better 느낌이 들게 하는 것이 아니라, 낫게 **느끼도록**feeling 돕는다는 것이다. 즉 우리가 갇혀 있을 때는 대개 그 순간에 드는 힘들거나 고통스러운 느낌을 덜 경험하기 바라고, 그 때문에 그런 경험에 맞서기 위해 애쓰는 느낌이 든다. 이는 마치 우리가 둑을 쌓거나 물을 퍼냄으로써 우리가 좋아하고 보존하려는 쪽으로 물결이 흐르지 못하게 하려는 것과 같다. 이것은 완전히 타당하고 이해할 만한 반응이지만 결국에는 허사다. 그보다는 차라리 강둑에 앉아 물과 평화롭게 지내며 물줄기와 그것이 놓인 환경을 알아보는 데에 에너지를 사용하는 것이 더 낫다.

여기서 중요한 것은, 흐름의 내용보다는 과정에 초점을 맞춰 행동의 흐름이 일어나는 맥락을 변화시키는 것이다. 이는 우리와 행동과의 관계를 변화시키는 것이기도 하다. 여기서는 행동 반응처럼 우리가 통제할 수 있는 구성 요소와, 감정 반응처럼 통제할 수 없는 구성 요소를 변별할 수 있는 능력을 갖추는 것이 중요하다. 또한 이러한 경험을 둘러싼 언어적 맥락(예: 평가, 판단, 자기비판)도 추적할 필요가 있다. 우리가 자신과 생각 사이에 심리적 거리를 만드는 기술을 배워서 그런 경험과 맺는 관계를 변화시킴으로써 심리적 유연성을 개발할 수 있다.

헥사플렉스 모형
THE HEXAFLEX MODEL

ACT 모형의 중심에는 심리적 유연성(23장)이 있다. 심리적 유연성은 6개 과정(수용, 탈융합, 현재 순간과의 접촉, 맥락으로서의 자기, 가치, 전념행동)으로 구성되어 있다. 이 6개 과정을 육각형을 통해 시각적으로 표현한 것을 **헥사플렉스**Hexaflex라고 부른다(그림 27.1).

그림 27.1에서 볼 수 있듯이, 각각의 과정은 다른 5개와 연결됨으로써 상호연결성을 강조한다. 실제로 각 구성 요소 간에는 공통점이 있다. 심리적 유연성을 극대화하기 위해서는 각각의 과정이 함께 활성화되고 작동해야 한다.

위의 내용에서 설명하는 유연성과 심리적 건강과 반대인 심리적 경직성inflexibility은 ACT에서 개입하는 핵심 대상이다. 경험회피, 인지융합, 개념화된 자기conceptualized self(내용으로서의 자기self-as-content)에 대한 애착, 가치와의 접촉 결여, 전념행동의 부재(충동성, 회피, 나태함)가 심리적 경직성을 유지하는 것들이다. 심리적 유연성과 마찬가지로 심리적 경직성을 지속하는 과정 역시 상호연결성을 지니며 서로를 뒷받침한다. 아내의 죽음을 경험한 뒤 애도의 고통이 너무 큰 나머지 자신은 결코 회복하지 못할 것이라는 생각과 융합된 내담자의 경우를 생각해 보자. 그는 이러한 융합으로 인해 애도를 촉발하는 모든 상황(생각, 기억, 아내 얘기를 하는 가까운 가족과 함께 있기)을 피하게 된다. 그는 이러한 회피 작용의 하나로 가족과 함께 시간을 보내거나 직장에서 본연의 역할에 충실한 것과 같은 가치 있는 행동을 줄이게 된다. 엄청나게 고통스러운 사건의 경우에는 상실, 애도, 의미 부여에 직면하여 이 모든 과정이 전부 합쳐져 높은 수준의 경직성을 만들어 낸다.

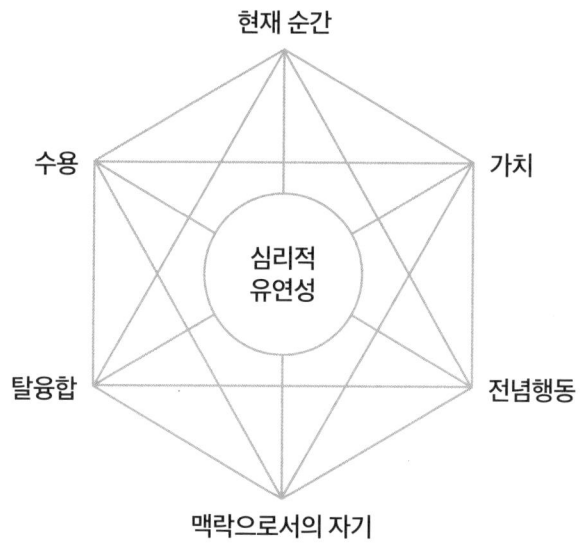

그림 27.1 ACT 헥사플렉스

헥사플렉스는 구성 요소별로 묶을 수 있다. 왼쪽(가운데 있는 현재 순간과의 접촉과 맥락으로서의 자기를 포함)은 마음챙김 과정을 광범위하게 설명할 때 함께 다룰 수 있다. 즉 현재 순간을 알아차리는 것은 수용과 관련된 **태도** attitudinal 요소, 생각으로부터 비판단적인 탈융합, 자기를 경험이 아닌 맥락으로 바라보는 것과 함께한다. 헥사플렉스의 오른쪽은 합쳐서 가치기반 행동활성화 과정으로 볼 수 있다. 이는 현재 순간에 주의를 기울여 행하는 가치기반 전념행동을 말한다.

헥사플렉스의 구성 요소를 묶는 두 번째 방식으로 **개방성**Open, **알아차림**Aware, **능동성**Active이 있다(39장에서 더 자세히 다룸). **개방성**은 수용과 탈융합으로 구성되는데, 내적 경험에 대해 개방적인 태도를 지님으로써 그것과 씨름하는 것을 줄이는 것을 말한다. **알아차림**은 개념화된 과거·미래·자기에 지배되지 않고 개방성과 비판단적 알아차림을 통해 현재 순간과 접촉할 수 있는 능력을 일컫는다. **능동성**은 전념행동과 가치를 결합하여, 자신이 선택한 방향을 구체화하고 그것을 향해 다가가는 것이다.

헥사플렉스는 핵심 과정을 기술하고 이해하는 데 유용한 강력한 도구이며, 갇힘의 주요 원인을 대략적으로 살펴보는 데 도움이 된다. 하지만 헥사플렉스는 각 내담자별로 이러한 과정이 어떻게 서로 관련되어 있는지 기능적인 방식으로 보여 주지 않기 때문에 사례공식화 도구로 활용되기 어렵다. 헥사플렉스는 핵심 과정을 빠르게 강조하기 위한 임상적·기술적 교육 도구로서는 활용성이 있지만, 내담자의 주요 문제나 이슈를 다루기 위해 이 모형을 사용할 일은 거의(혹은 전혀) 없다.

28

현재 순간과의 접촉
CONTACT WITH THE PRESENT MOMENT

현대 서구 사회는 속도와 행동을 중시하는 경향이 있다. 그 결과 우리 대부분은 생각, 계획, 문제해결, 분석 같은 행동을 중시하는 마음의 모드에 의존한다. 이러한 능력은 많은 이점을 제공해 주지만, 과거의 실패를 반추하고 곧 다가올 불행을 걱정하는 추가적인 능력도 같이 얻게 된다. 마음의 이러한 **생각**thinking 모드는 우리가 별로 작동시키지 않는 **존재**being 모드와 대비된다(Segal, Williams, & Teasdale, 2013). 존재 모드는 오감과 더 연결되어 있기 때문에 현재 순간을 더 잘 인식한다.

'현재 순간과의 접촉'과 마음챙김 사이에 상당한 공통점이 있다 보니 서로 호환되어 사용되는 경우가 많지만, 이 둘 사이에는 차이가 있다. 마음챙김은 더 폭넓은 개념이며, 지나치게 애쓰지 않기non-striving, 수용, 비판단과 같은 태도를 포함한다. 따라서 수용과 탈융합이 현재 순간과의 섭촉과 합쳐질 때 마음챙김의 개념에 가까워진다고 볼 수 있다. 게다가 ACT는 가치를 더 중시하는데, 마음챙김에도 당연히 가치 개념이 포함돼 있지만 ACT만큼 명시적이지는 않다.

우리는 오감을 기반으로 한 **존재하기** 모드에서 생각하기 모드로 넘어가자마자 **개념화**conceptualise를 시작한다. 이것은 쉽게 말해 자신에게 이야기를 들려주는 것이다. 그것은 과거의 경험에 대한 기억의 조각을 엮어 만든 서사일 것이다. 당신이 6번째 생일날 무엇을 했는지 잠시 생각해 보라. 16번째 생일 1주 전에는 무엇을 했는가? 25번째 생일 1날 선에는? 혹시 자세한 내용을 기억하려고 애쓰고 있는가? 이는 우리가 경험을 얼마나 많이 잊어버리는지를 제대로 보여 주는 동시에, 과거에 대한 서사를 뒷받침하고 있는 소위 '확고한 사실적 기억'에 의문을 제기하는 것이기도 하다. 그렇다, 서사는 (대부분) 사실에 근거한다. 하지만 그 사실이란 것은 대체 무엇일까? 시간의 안개 속으로 사라진 날들은 어떻게 할 것인가?

우리는 계획을 세우거나 아직 일어나지 않은 일을 예측함으로써 자신에게 미래에 대한 이야기를 하기도 한다. 이러한 예측은 상당한 속도와 확신을 가지고 이루어진다. 이것은 매우 유용할 때도 많지만, 도움이 안 되는 걱정에 빠진 것을 알아차리기도 상당히 어렵다.

현재에서 벗어나 '시간 여행'을 할수록, 현재 순간과 연결되고 눈 앞에서 벌어지는 실제 상황에 대응할 수 있는 능력은 감퇴한다. 또한 과거 혹은 미래를 개념화한 방식에 따라 경직된 반응으로 이어질 수 있다. 예를 들어 우리는 "나는 전에 하도 상처를 많이 받아서 이제는 애인한테 마음을 열지 못하겠어." 혹은 "위험을 감수하는 것은 파국으로 이어질 것이기 때문에 그러지 않을 거야."라고 말할 수 있다. 이 두 가지 생각 모두 사실일 수 있지만, 그런 생각과 융합되면 한정적이고 반복적인 행동의 순환에 빠질 것이다.

ACT는 가치 있는 행동의 관점에서 효과적인 대응을 하는 데 실질적인 도움이 되는 방향으로 유연하게 주의를 기울이는 법을 함양하는 데 주안점을 둔다. 이는 현재의 맥락에서 실제로 발생한 상황에 대응하기 위해 현재 순간과 접촉하는 능력을 강화하는 것을 의미한다. 그러기 위해서는 자신이 어떤 생각과 감정을 지니고 있는지, 그러한 생각과 감정에 어떻게 반응해 왔는지 알아차릴 수 있어야 한다. 이는 더 효과적으로 가치 지향적 선택을 할 수 있도록 **자기이해**self-knowledge를 증진하는 것이기도 하다.

29

맥락으로서의 자기
SELF-AS-CONTEXT

ACT에서는 자기를 **내용으로서의 자기**self-as-content, **과정으로서의 자기** self-as-process, **맥락으로서의 자기**self-as-context, 이렇게 세 부분으로 설명한다. **내용으로서의 자기**는 모든 내적 경험(생각, 신념, 감정, 기억, 감각)을 아우르는 용어다. 이는 이 모든 내적 경험이 일어나는 맥락인 **맥락으로서의 자기**와 대비된다. **맥락으로서의 자기**는 정의상 내적 경험으로 이루어지지 않으며, 오히려 모든 것을 담아 낸다는 점에서 다른 자기 개념들과 차별화된다. 마지막 **과정으로서의 자기**는 내용도 아니고 맥락도 아닌, 내적 경험의 다양한 측면을 관찰하고 알아차리는 자기의 한 부분이다.

어두운 방(**맥락으로서의 자기**) 안에 온갖 종류의 물체(**내용으로서의 자기**)가 있는 은유를 생각하면 이해하는 데 도움이 될 것이다. 만약 당신이 어떤 물체에만 조명을 비춘다면, 조명이 비춰진 물체는 환하게 더 잘 보이고 그렇지 않은 물체는 더 안 보일 것이다. 모든 것을 한 번에 다 볼 수 있게 방 전체 조명을 켜는 방법도 있을 것이다. 혹은 그 반대로 조명을 아주 좁게 비춰서 찾으려는 물체의 일부만 밝힐 수도 있다. 이렇게 관찰하는 과정은 **과정으로서의 자기**와 유사하다.

RFT는 자기의 발달에서 언어의 역할을 설명함으로써 ACT에서 자기에 대한 이해의 폭을 넓혔다. RFT는 우리가 유아기 때 처음으로 자신을 다른 사람들(특히 주 양육자) 및 환경과 구분하는 법을 배움으로써 지시적 자기deictic self가 출현한다고 설명한다. 우리는 언어를 통해 내적 경험의 다양한 부분들을 변별하고, 그것들이 우리의 일부이며 다른 사람들과 다르다는 것을 인지한다. 우리는 건강한 발달 과정을 통해 결국 다른 사람들도 비슷한(하지만 다른) 내적 경험을 지니고 있음을 이해하게 된다. 이것은 자아의 출현이 우리가 타인과의 관련성 속에서 발달할 수 있게 해 주는 언어의 능력에 좌우됨을 강조한다.

우리 안의 내용들이 끊임없이 변화하는 만큼 우리도 자신을 설명할 수 있는 능력이 있어야 사회와 언어 공동체에 참여할 수 있다. 우리는 행동의 이유를 설명하고, 동기·욕구·신념·소망을 파악하며, 이것을 다른 사람에게 전달하는 법을 배운다. 이것은 전부 합쳐져 정체성 혹은 자기이야기 self-story가 된다. 이것은 비교적 예측 가능한 방식으로 행동할 수 있게 해 주는 편리한 방법이고 그래서 자신과 주변 사람 모두에게 유용하지만, 여러 가지 부분에서 사실과 다른 것들이 있다.

ACT 관점에서 보는 건강한 자기감이란, 느슨하게 달려 있어서 유연하게 대응할 수 있게 해 주는 것이다. 예를 들어 자신을 '수줍음이 많은 사람'이라고 설명하는 사람도 필요하면 자신감 있고 적극적으로 행동할 수 있다. '수줍은' 자기이야기가 지나치게 우세해져서 모든 삶의 영역에서 행동을 결정한다면 문제가 될 수 있다. 예를 들어 '나는 수줍음이 많아.'가 새로운 사람들을 만나거나, 새 직장을 구하거나, 관계에서 취약성을 드러내는 것을 못하게 하는 경우가 있다. 이렇게 '수줍음'이 너무 우세하면 어떤 새로운 것도 들어갈 여지가 없다. 이 시나리오에서는 당신이 자기이야기를 가지고 있는 것이 아니라, 자기이야기가 당신을 가지고 있는 셈이다. 이야기에서 욕구기능(위안, 정체성, 안전)은 혐오기능(협소하고 제한적인 삶)을 능가한다. ACT는 내용으로서의 자기와 관계를 형성함으로써 그것이 자기를 대표하는 특징이 되지 않게 하는 것을 목표로 한다. 그것은 느슨하게 달려 있으며 단지 경험의 일부일 뿐이다.

30

수용
ACCEPTANCE

ACT에서 '수용acceptance'은 기술적 용어로서, 일상적 용법과는 상당히 다른 용법으로 사용된다. 일반적으로 수용에는 체념이나 포기의 의미가 담겨 있다. ACT에서 내적 내용을 수용한다고 할 때는 이와 상당히 다르다. 이때 수용은 선택한 가치를 향해 다가가기 위해 이러한 경험에 마음의 문을 열고 있는 그대로 경험하는 것을 의미한다. 따라서 수용은 감정적 속성보다는 행동적 속성을 훨씬 중시한다. 우리는 불안을 반기는 **느낌**이 안 들더라도 그에 대한 태도를 통해 **기꺼이 하기**willingness를 구현한다. 수용은 의도적인 실천 또는 선택이다. ACT 치료자는 내담자에게 이렇게 물어볼 수 있다. "당신은 중요한 것을 향해 발걸음을 내딛을 수 있도록 이렇게 힘든 경험을 위한 공간과 자리를 기꺼이 마련할 마음이 있나요?" 알다시피 수용의 정의에는 바로 가치가 내재되어 있고, 이 둘은 함께 다닌다. 이는 수용이 가치를 향해 능동적으로 움직이도록 작용함을 의미한다.

수용의 반대는 경험회피다. 다시 말하지만, 경험회피는 가치와의 연관성 상에서 기능적으로 정의된다. 경험회피는 행동에 해를 끼칠 때만 다룬다. 예를 들어 ACT 관점에서는 감정을 회피하기 위해 술을 마시는 것 자체를 꼭 문제로 보지는 않는다. 오직 그것이 가치 있는 실천을 방해하기 시작할 때만 문제가 된다. 바쁜 한 주를 마치고 긴장을 풀기 위해 와인 한두 잔을 마시는 것이 치료적 개입의 대상이 되지는 않을 것이다. 하지만 매일 아침마다 외상적 기억을 지우기 위해 와인을 한두 잔씩 마시고, 그로 인해 출근이나 애들 등교시키기 같은 중요한 일을 못하게 된다면 이는 문제가 된다.

경험회피는 거의 항상 다른 과정(융합, 현재 순간과의 접촉의 결여 등)과 함께 나타난다. 내담자의 감정 경험이 '이건 너무 심해.' 혹은 '난 이걸 감당할 수 없어.' 같은 생각과 융합되면, 그 경험은 더 이상 오감이 아닌 위협을 나타내는 것으로 속성이 변한다. 그리고 내담자는 현재에서 벗어나 과거('나한테는 항상 이런 일이 생겨.')나 미래('내 인생은 다 끝났어, 죽고 싶어.')로 넘어간다. 이렇게 감정과의 접촉을 줄이려고 할수록 오히려 행동은 더 혐오의 통제를 받을 가능성이 높다. 이런 상황에서는 가치기반 실천을 하기가 더욱 어려워진다.

그래서 수용은 역설적이다. 내담자는 경험을 피하고 싶은 마음에 치료를 받으러 올 것이고, 이미 광범위하고 다양한 회피행동의 이력을 지니고 있다. 여기서 중요한 것은 내담자의 통제 전략이 실질적인 문제라는 데 초점을 맞추는 것이다. ACT의 창시자들 중 한 명인 커크 스트로샐Kirk Strosahl의 말처럼, "문제는 문제가 아니다. 해결책이 문제다." 치료자가 할 일은 과도한 통제가 얼마나 헛된 투쟁을 불러일으키는지 내담자가 알게 하는 것이다. 여기서의 역설은, 우리가 불필요한 투쟁을 그만두고 이미 존재하는 것들과 싸움을 멈출 때 비로소 한숨 돌릴 틈이 찾아온다는 것이다. 수용을 선택하면, 문제로 여겨지는 것을 복잡하게 만들지 않으면서 삶에서 정말 중요한 것에 더 많은 에너지를 쏟을 수 있다.

31

탈융합
DEFUSION

생각은 좋지도 나쁘지도 않다. 그저 사람이 소통하고 이해하고 지식을 습득하는 데 사용하는 (아주 훌륭한) 도구일 뿐이다. 다른 도구와 마찬가지로, 생각 또한 실수를 통해 배우거나 미래를 위한 전략을 세우는 것과 같은 다양한 일을 하는 데 도움이 될 수 있다. 여느 도구와 마찬가지로 생각 또한 그 활용 방식에 따라 유용성이 달라지기 때문에, 우리에게 심각한 피해와 고통을 줄 수도 있다. 우리는 생각을 통해 끝없이 과거의 외상이나 실수를 떠올린다. 우리는 생각을 통해 아직 확인되지도 않은 온갖 종류의 끔찍함을 떠올린다. 미래에 끝없이 지속되는 고통 속에 존재하는 자신의 모습을 떠올림으로써 자살로 이끄는 것도 바로 생각이다.

융합은 우리가 생각을 마치 문자 그대로의 진실인 것처럼 여기며 반응하는 과정을 지칭하는 기술적 용어다. 다른 ACT 과정과 마찬가지로, 맥락에 따라서는 문자 그대로 반응하는 것이 문제가 안 될 수도 있다. 오직 융합이 가치 지향적 실천을 제한하거나 방해할 때만 문제가 된다. 융합은 우리가 어떻게 생각이 아닌 자기감과 생각을 구분하지 못한 채 생각과 결합되는지 알려 주는 은유다. 생각은 행동을 과잉규제함으로써 우리가 환경이나 상황에서 직접 접하는 사건·자극·일 등이 더 이상 행동에 영향력을 발휘하지 못한다.

이렇게 해서 융합은 단순한 생각 이상의 핵심적인 이슈가 된다. 융합은 우리가 생각과 맺고 있는 관계가 문제이기 때문에 바로 거기에 초점을 맞취야 함을 강조한다. 우리는 생각에 융합될 때 그 생각을 매우 중요하고 위협적으로 느끼며, 온통 그 생각에만 몰두한다. 그리고 가치를 추구하면서 유연하게 대응하기는 훨씬 더 힘들어진다. ACT에서는 생각으로부터 어느 정도 은유적 거리를 확보하고 **탈융합하기**defuse 위해 생각과의 관계를 변화시킨다. 우리가 탈융합하더라도 여전히 생각은 진실일 수도 있고 아닐 수도 있다. 우리는 생각의 문자적 내용과 더 느슨하게 관계를 맺을 수 있다. 생각은 이제 더 이상 최우선적 관심사가 아니며 딱히 위협적이지도 않다. 우리의 존재와 생각 사이에 공간이 만들어지면 다른 행동 지침을 선택할 수 있는 기회를 얻을 수 있다.

우리가 융합되기 쉬운 여러 가지 유형의 생각이 있는데, 크게 다음의 네 가지로 분류할 수 있다.

- 미래에 대한 생각과의 융합(예: '전부 잘못될 거야.' 같은 걱정)
- 과거에 대한 생각과의 융합(예: '내가 모든 걸 다 망쳐버렸어.' 같은 반추)
- 자신과 타인에 대한 융합(예: '난 쓸모없어.', '다른 사람들은 나한테 관심도 없어.')
- 삶의 규칙에 대한 융합(예: '삶은 공평해야 해.', '감정을 드러내면 안 돼.')

탈융합은 도움이 안 되는 생각을 없애거나 그 내용을 반박하는 데 관심을 두지 않는다. 탈융합의 우선적 목표는 생각이 도움이 안 되는 방식으로 행동을 조절할 때를 알아차린 뒤, 그 생각에서 벗어나 효과적인 행동을 하는 기술을 익히는 것이다. 이는 생각을 바꾸거나 반박할 필요 없이 그저 생각에 얹혀 가는 것과 같다. 예를 들어 내담자가 '난 하자 있는 놈이야.'라는 생각과 융합돼서 친밀한 관계에서 충족해야 할 중요한 욕구를 전혀 드러내지 않는다면, ACT 치료자는 그 생각을 직접적으로 반박하기보다는(예를 들면 그런 생각의 '진실성'을 약화시키는 것처럼) 생각의 효용성을 물어볼 것이다. 이는 융합의 대가(중요한 욕구가 충족되지 못할 때가 많아짐)와 기능(이 예에서는 내담자가 마음을 열 위험을 감수하지 않을 만한 타당한 이유를 제공하는 것)을 강조하기 위한 것이다. ACT 치료자는 내담자가 자신과 자신의 생각 사이의 심리적 공간을 확보하는 기술을 익히도록 도와줌으로써, 마음에 반응하는 방식을 의식적이고 의도적으로 선택할 수 있게 도와준다.

32

가치
VALUES

본질적 가치를 파악하기 위해서는 **어떤**what 행동을 했는지보다는 **왜**why 그런 행동을 했는지 물어야 한다. 행동의 이유에 대한 질문은 목적이나 의미를 가리킨다. 독일의 철학자 프리드리히 니체Friedrich Nietzsche(1998)는 이렇게 말했다. "삶의 이유가 있는 사람은 어떤 어려움도 거의 다 견딜 수 있다." 미국의 코미디언 마이클 주니어Michael Jr(2017)는 똑같은 생각을 이렇게 표현했다. "당신에게 **이유**가 있다면 당신은 목적을 가지고 이를 향해 걸어가고 있기 때문에 **무엇**을 하든 더 강력한 영향력을 발휘할 수 있다." 예를 들어 가족이나 사랑하는 사람의 기분이 안 좋을 때 그들의 말을 경청하는 것은 **무엇**에 해당한다. 당신이 그런 행동을 하는 **이유**는 지지나 배려의 가치와 관련될 것이다.

ACT에서 가치를 더 전문적으로 정의한 내용은 다음과 같다. "자유롭게 선택되고freely chosen, 값진valued 행동 패턴에 참여하는 것에 내재된 주요 강화제를 확립하는, 지속적이고 역동적이고 진화하는 활동 패턴이 언어로 구성된verbally constructed 결과"(Wilson and Dufrene, 2009) 이제 이 길고 복잡한 구절을 잘게 나눠 살펴보자.

자유롭게 선택

가치는 자신을 위해 선택하는 것이기 때문에 본질적으로 개인적이다. 이것은 문화, 회사, 가족의 가치와는 다른 것이다(일부 겹칠 수는 있다). 우리가 자라면서 어떤 종류의 가치를 드러낼 것인지에 대한 선택도 당연히 달라질 수 있다. 예를 들면 친밀함을 경험하지 못했던 사람이 친밀함이 자신에게 굉장히 중요하다는 것을 깨달을 수 있다. 삶을 살면서 점차 성숙해짐에 따라 중시하는 가치도 달라질 것이다. 당신이 이제 막 고등학교를 졸업한 10대일 때와 은퇴할 때 가치를 표현하는 방식은 다를 것이다. 하지만 가치를 표현하는 방식은 많이 달라지더라도 그 핵심 영역(예: 사랑, 놀이, 건강)은 여전히 중요하게 유지될 것이다.

언어로 구성

우리는 단어와 언어 공동체와의 상호작용을 통해서 가치를 구성한다. 이는 가치가 감정이 아니라는 뜻이다. 가치가 작동하는 데 감정이 중요하지만, 가치는 언어다. 만약 내담자가 "저는 행복을 느끼는 것에 가치를 둬요."라고 말한다면, ACT 관점에서는 이것을 가치로 보지 않는다. 행복을 느끼는 것은 가치 지향적 행동을 취함으로써 나타날 수도 있고 아닐 수도 있는 결과일 뿐이다.

역동적이고 진화하는 활동 패턴

가치는 현재 순간의 행동에 대한 지침이 된다. 가치는 나침반처럼 작용해서 현재 취할 수 있는 행동의 방향을 제시한다. 이런 점에서 가치는 미래지향적 목표와 다르다. 목표는 달성하고 완수할 수 있지만, 가치는 영원히 완수할 수 없다. 가치가 방향이라면 목표는 목적지에 더 가깝다. 당신은 사랑스러운 배우자 되기라는 가치를 떠올리며 할 일 목록에 완료 체크만 하는 우를 범할지도 모른다. 가치기반 행동은 시간이 지남에 따라 역동적이고 유연한 방식으로 진화한다. 사랑스러운 배우자 되기라는 가치는 변함없지만, 오늘 사랑스러운 배우자가 되는 행동은 내일과 완전히 다를 수 있다.

내재된 강화제

항해에서 일단 돛을 펼치고 나면 그 이후로는 바람에서 에너지를 얻어 앞으로 나아간다. 가치가 확립되면 전에는 활용하기 힘들었던 새로운 강화제를 환경에서 활용할 수 있다. 다정한 배우자 되기라는 가치와 연결되는 것은, 얼핏 상관없는 것(예: 업무)도 가치 지향적으로 수행함을 의미한다. 예를 들어 당신은 가족을 부양하기 위해, 혹은 아이들에게 건강하게 일하는 모습의 본을 보여 주기 위해 일할 수 있다.

이는 또한 가치가 그전까지 혐오적이었던 자극의 기능을 변화시킬 수도 있음을 시사한다. 예를 들어 친밀한 상황에서 나타날 수 있는 불안이 다정한 배우자 되기라는 가치와 연결되면, 욕구기능('불안은 내가 사랑받는 것을 중요시한다는 신호야.')이 혐오기능('불안은 위협을 알리는 신호야. 물러나야 해.') 위에 덧씌워질 수 있다. 이는 혐오기능을 완전히 무시해야 한다는 것이 아니라, 거기에 욕구기능을 더해서 더 풍부히 경험함을 의미한다.

33

전념행동
COMMITTED ACTION

전념행동은 가치와 함께 헥사플렉스의 오른쪽을 구성하고 있으며, 모형에서 능동성과 행동 변화를 담당한다. 가치가 방향을 제시해 주는 나침반이라면, 전념행동은 그 방향으로 움직이는 발걸음이다. 이 과정에서는 실효성 없는 행동을 경직되게 지속하지 않고 가치를 위해 유연한 방식으로 변화시키는 것이 필요하다.

비록 이 과정이 실천을 촉구하지만, 항상 더 많은 것을 행해야 하는 것은 아니다. 때로는 행동을 중단하거나 억제하는 것이 전념행동이 되기도 한다. 예를 들면 사랑하는 사람이 실수했다고 비난하지 않는 것, 더 이상 자해행동을 하지 않는 것, 일찍 자기 위해 TV를 끄는 것 등이 있다. 이것들은 명백히 행동을 감소시키는 것이지만, 이를 실천하기 위해서는 내면에서 적극적으로 무언가를 해야만 할 것이다. 주의를 기울여 현재 순간과 연결되거나, 익숙한 행동을 중단하는 것에 따른 불편함을 감수하는 것처럼 말이다. 이는 헥사플렉스의 다른 과정이 전념행동을 지지하는 방식을 보여 준다. 어느 순간에 전념행동을 한다는 것은, 그 순간에 나타나는 어떤 내용과도 수용적 태도로 탈융합된 채 자신과 중요한 것과 연결되는 것이다. 이 모든 것이 더해져 심리적 유연성을 만들어 낸다.

행동 모형으로서 ACT는 많은 전통적 행동 기법들을 포함하고 있으며, 이러한 기법들은 전념행동을 통해 가장 잘 드러난다. 불안에 대한 노출 프레임워크, 습관반전habit reversal 기법, 우울증에 대한 행동활성화가 그 예다.

우리는 전념행동 과정을 통해 우리가 하는 행동에 어떤 책임이 있는지 알게 된다. 우리는 어떤 상황에도 가치를 지침으로 활용하여 대응할 수 있는 능력이 있다. 우리의 대응 방법은 당연히 환경의 제약을 받을 수밖에 없겠지만, 우리는 항상 가치를 통해 다음에 할 행동을 선택할 것이다.

진정한 전념행동은 기꺼이 하기와 함께한다. 우리는 무언가 새로운 것을 하거나 모험을 감수하는 것처럼 미지의 영역에 발을 디딜 때 실제로 무슨 일이 생길지 모른다. 우리의 마음은 확신을 얻기 위해 수많은 예측을 하겠지만 장담할 수 있는 것은 없다. 따라서 전념행동은 무엇이 나타나든 항상 기꺼이 하기의 다이얼을 '높음'으로 맞춰 놓는다. 조건부 전념행동도 불가능한 것은 아니다. 이를테면 '그래, 불안하지 않은 만큼만 위험을 감수할 수는 있어.'처럼 말이다. 당연히 우리는 그런 보장과 확실성을 바라지만, 이런 욕망에 사로잡히면 기꺼이 하기를 '높음'으로 설정할 수 없다. 만약 당신이 높은 다이빙보드에서 뛰어내려야 하는데 떨어질 가능성을 최소화하기 위해 몸을 낮추고 죽을 힘을 다해 매달려 있다면, 모든 과정을 질질 끌면서 어떤 일이 생기더라도 효과적으로 대처할 수 있다는 느낌이 안 들 것이다. 이와 반대로 당신이 다가올 일을 헤쳐 나갈 수 있다는 신념을 가지고 먼저 두 발로 도약하면, 스스로를 지지하면서 온전히 경험 속으로 들어갈 수 있을 것이다. 성공의 지표는 이렇게 내담자의 내부로 이동하며 통제 밖에 있는 것으로부터 멀어진다. 자신이 선택한 가치를 향해 의식적으로 행동하면, 그 안에 내재된 강화제를 이용할 수 있고 더 큰 목적의식과 자율성을 지니게 된다. 이는 다시 더 많은 성장과 학습의 기회로 이어져 이런 행동 패턴이 늘어날 가능성을 높인다. 행동의 강화제가 외부가 아닌 내부에 자리 잡으면서 강한 회복탄력성을 키워 나가는 것이다.

―― 2부 ――

손
HANDS

34

ACT의 손 – 기법과 실천
THE HANDS OF ACT - TECHNIQUE AND PRACTICE

1부에서 나온 것처럼 ACT는 행동에 정밀하고, 폭넓고, 심도 깊은 영향을 끼치는 데 중점을 두는 심층 행동 모형이다. 이는 ACT를 치료, 코칭, 조직 개발 등 어디에 적용하든 그 초점은 능동적 변화에 있음을 의미한다. ACT에서는 목표를 논의하고, 숙제를 정하고, 기술을 연습하고, 아이디어과 의견을 나눈다. 이 모든 활동은 치료자와 내담자가 함께 작업하는 데 로드맵이 되는, 당면 현안에 대한 탄탄한 기능분석에 근거한다. 이는 1부에서 설명한 이론이 실천적 '방법'과 합쳐지는 곳이며, 다른 말로 하면 **머리**와 **손**을 같이 사용하는 것과 같다. ACT가 능동적 개입이라고 해서 그 능동성이 꼭 분주함을 의미하지는 않는다. 손을 능숙하게 사용한다는 것은, 우리의 치료 목적과 대상으로 삼고자 하는 과정을 명확히 인식하고 있음을 의미한다. 당신은 "가만있지 말고 뭐라도 좀 하세요!"처럼 실천을 촉구하는 말에 익숙할 것이다. 우리는 "뭔가 하지 말고 가만있어요." 또한 중요하다고 주장한다. 내담자와 함께 현재 순간에 주파수를 맞추면서, 주어진 시점에서 무엇이 가장 도움이 되는지 추적하는 것도 ACT의 기술 중 하나다.

2부에서는 평가를 통해서 유의미하고 핵심적인 정보를 수집하고, 이를 내담자와 내담자의 목적에 유용하게 공식화하는 법을 살펴본다. 우리는 명확하고 일관되고 의미 있는 방식으로 공식을 공유하는 방법에 대한 몇 가지 팁과 아이디어를 제시할 것이다. 또한 ACT에서 심리적 유연성을 지지하는 과정을 진행하기 위해 사용하는 몇몇 핵심 기법도 간략히 설명할 것이다. 여기에는 매력적이면서도 효과적인 은유와 예제도 포함된다. 끝으로 각 회기를 통해 이어지는 중요한 흐름을 더 폭넓게 조직화함으로써, 공식화로 파악했던 중요한 과정을 조성하고 궁극적으로 효과적으로 개입하는 방법을 살펴본다.

모든 인간과학이 그렇듯이, 과학자들이 원하는 정확한 결과를 얻기 위해 아무 감정 없이 변수들을 조작하는 그런 기술적 노력만으로는 행동에 영향을 끼치거나 변화시킬 수 없다. 이 과정은 당연히도 매우 인간관계적이며, 인간관계를 다른 모든 것의 기초로 활용한다. 우리는 이론(**머리**)뿐만 아니라 실천적 기술(**손**)도 필요하고, **가슴**도 필요하다. 하지만 자세한 것은 나중에…

평가와 공식화
ASSESSMENT AND FORMULATION

35

인지행동치료로서 ACT
ACT AS A COGNITIVE BEHAVIOURAL THERAPY

종종 치료자가 마치 ACT와 CBT가 그들을 찾아오는 사람들의 어려움과 문제를 해결하는 데 도움을 줄 수 있는 별개의 기법인 것처럼 비교하면서 말할 때가 있다. 이런 식으로 ACT와 CBT를 비교하는 것은 사과와 과일을 비교하는 것만큼이나 부적절한 것이다. 사과가 과일의 **한 종류**인 것처럼 ACT도 CBT의 **한 유형**으로 여기는 것이 낫다. ACT 치료자는 내담자를 평가하면서 CBT의 다른 기법들(예: 합리정서 행동치료Rational Emotive Behaviour Therapy, 인지치료)과 마찬가지로 내담자의 생각, 감정, 행동, 생리적 감각 및 이 모든 경험이 일어나는 맥락에 대한 정보를 수집하는 데 관심을 기울인다. 따라서 만약 당신이 다른 CBT 기법에 대한 지식과 전문성을 지닌 상태에서 이 책을 읽고 있다면, 내담자의 경험을 평가할 때 이 점을 잘 고려하여 관심을 가질 것을 권한다.

앞서 간략히 기술한 내담자 경험에 대한 전반적 평가와 더불어, CBT 기법에서 도출된 또 다른 유용한 평가 도구로 기능분석이 있다. 기능분석에서는 유의미한 행동을 식별하고, 이를 선행조건과 이어지는 결과의 맥락에서 주의 깊게 살핀다. 이것은 ABC 공식(선행조건-행동-결과)으로 널리 알려져 있다. 예를 들어 내담자가 문제적 회피 패턴을 보고하면, 그 회피의 구체적인 예시를 특정하여 ABC 분석을 진행하는 것이 좋다. 다음을 보자.

A – 친구가 같이 파티에 가자고 문자를 보냈다. 불안했다.
B – 문자에 답장하지 않고 파티에 가는 것을 피했다.
C – 마음이 편해졌다.

치료자는 조작적 조건화 원리에 따라 불안의 감소가 회피행동을 부정적으로 강화하여 앞으로 이런 행동이 더 자주 나타나게 할 것임을 알 수 있다. 또한 이러한 행동은 불안을 덜 경험하려는 동기에 의한 것이므로 혐오통제를 따르는 것으로 볼 수 있다. 비록 단기적으로는 행동에 따른 보상이 주어지겠지만, 계속 강화된다면 장기적으로는 회피 패턴이 확대되면서 치러야 할 대가가 이득을 가뿐히 넘어설 것이다. 예를 들어 항상 불편함을 안 느끼려는 동기에 따라 행동한다면, 그 대가로 가치 중심적 삶을 살기 힘들어질 수 있다. 치료자는 내담자가 특정한 행동에 따르는 대가를 깨달음으로써 역경을 마주할 때 훨씬 더 기능적인 선택을 할 수 있게 해 준다. 많은 CBT 기법은 공통점으로 이렇게 감정, 생각, 행동 사이의 상호작용을 탐색하는 과정을 거친다.

우리는 뒷부분에서 ACT에 특화된 평가 기법들에 초점을 맞출 것이다(예: 46장 ACT 매트릭스). 하지만 그런 기법들 역시 CBT의 초기 변형에 그 뿌리를 두고 있으며, 인지와 행동을 다루는 더 폭넓은 이론을 이해해야 ACT를 더 잘 실천할 수 있음을 명심해야 한다.

36

경험학습
EXPERIENTIAL LEARNING

경험학습experiential learning은 직접 경험에 참여하는 학습 유형이다. 이를 통해 그전까지는 활용할 수 없었던 새로운 기술을 개발하고, 새로운 정보를 습득하며, 새로운 관점을 익힌다. 이는 대부분 사람이 교육제도를 통해 경험했을 지시학습instructional learning과 같은 언어적 과정에 치우친 학습과 대비된다. 양육에서도 많은 부분이 지시를 통해 이루어진다. 대부분의 사람들은 전기 콘센트에 손가락을 넣으면 큰일 날 수 있다는 말만 듣고 그런 행동을 하지 않는 법을 배운다. 대부분의 사람들은 직접 확인하지 않고 언어로만 배운 교훈도 깊이 간직한다. 하지만 직접 경험을 통해 배운 교훈도 많다. 예를 들어 친한 친구에 대한 소문을 냈다가 신뢰를 잃었을 수도 있고, 보드카 오렌지 칵테일을 너무 많이 마신 뒤 추태를 부렸을 수도 있다.

본질적으로 더 좋거나 나쁜 학습 유형은 없지만, 치료에서 사람들을 변화시키는 데 유용한 학습이 무엇인지는 고려해 볼 만하다. 일상생활에서 우리는 대개 지시적 언어학습을 통해 다른 사람에게 정보를 전달한다. 길을 건너기 전에 주위를 잘 살피고, 치료를 계획할 때는 항상 공식화를 사용하라는 지시들은 정보를 효율적이고 빠르게 전달한다. 치료 중에는 당연히 직접적 지시가 잘 안 먹히는 문제가 생기는데, 이는 무엇보다 내담자가 종종 선의의 친구나 가족, 구글 검색 등을 통해서 자신이 무엇을 해야 하는지에 대한 수많은 정보를 접했기 때문이다. 정보가 더 추가되면 혼란스러울 수 있다. 만약 이런 문제들에 대한 해결책이 '아스피린 몇 알 먹고 좀 쉬는' 것처럼 간단했다면 진작에 했을 것이다. 복합성은 문제를 변화시키기 더 어렵게 만든다. 내담자는 자신이 사용해 온 전략이 잘 작동했던 학습 이력을 지니고 있다. 혹은 새로운 전략을 적용하는 것이 내담자의 안전, 일관성, 정체성을 심하게 위협할 수도 있다. 이 모든 이유로 인해 내담자가 지닌 언어 규칙이 새로운 정보를 습득하는 것을 방해하기 때문에, 지시학습으로 효과를 보기 어렵다.

경험학습은 언어의 효과를 희석하면서 내담자가 사건과 직접 접촉할 수 있는 기회를 제공해 준다. 이를 통해 내담자는 현재 순간에 들어가, 마음이 말하는 대로가 아닌 있는 그대로의 경험을 할 수 있다. 예를 들어 치료 중에 많이 불안해하는 내담자는 미래에 초점을 맞춰 위협을 염두에 두고 있을 가능성이 높다. 위협이 실제로 안 일어날 수도 있지만 경계심은 계속 높게 유지된다. 지시학습('전혀 걱정할 필요 없어요.')은 아주 짧게만 지속되는 반면, 경험학습은 그 순간을 근본적으로 다르게 경험할 수 있는 기회를 제공해 준다. 여기서 치료자는 경험학습을 쌓을 수 있는 다양한 과정을 시작할 수 있다. 한 가지 예로, 치료자는 내담자가 자신의 두려움을 마주하고 실제 경험한 것을 마음으로 예측한 것과 비교하도록 도울 수 있다.

내담자가 씨름하고 있는 것에 대한 대안적 관점(예: 55장 차이니즈 핑거 트랩(Chinese Finger Traps)이나 가치 연습(60장)에 대한 은유를 통해서도 경험학습을 할 수 있다. 내담자가 개방적이고 비판단적인 방식으로 현재 순간과 접촉하게 해 주는 마음챙김 연습도 가능하다. 이런 방법들은 모두 사건과 직접 접촉을 통한 경험학습을 늘리기 위한 것이다. 이는 언어학습이 중단돼야 하거나 쓸모없다는 말이 아니라, 확률적으로 효과가 별로 없을 가능성이 높다는 것이나.

37

은유의 활용성
THE UTILITY OF METAPHOR

은유는 대화를 통한 개입에서 오랫동안 사용돼 왔으며, ACT에서 특히 더 그렇다. 은유는 갇혀 있는 상태를 이해하고 공식화하기 위해 언어의 힘을 증진하고 행동 변화를 촉진할 수 있는 기회를 제공해 준다. 퇴네케(2018)는 RFT의 관점에서 은유를 실전적으로 사용하는 것에 대한 폭넓은 통찰을 제시했다. RFT는 특히 은유를 어떻게 사용하는지 관찰하고 이해할 수 있는 유용한 렌즈다.

은유는 통상적으로 서로 관련 없는 대상, 행동, 경험을 비교할 수 있게 해 준다. 명확하고 잘 알려진 관계망에서 두 번째 관계망으로 정보를 보내는 방식을 통해, 전에는 몰랐거나 모호했던 새로운 관점을 설명해 준다. 은유는 새로운 정보나 기능을 전달하는 운반체가 되고, 내담자의 관계망(예: 갇혀 있는 원인)은 새로운 정보를 수신하는 목표 대상이 된다.

간단한 어린이용 장난감을 사용해서 자동적 반응(손가락을 트랩에서 빼기 위해 양쪽으로 잡아당김)이 실제로 어떻게 예기치 않게 트랩을 더 단단히 조이는지를 물리적으로 보여 주는 차이니즈 핑거 트랩 은유가 좋은 예다(자세한 내용은 55장을 참조). 이 장난감은 손가락을 잡아당기는 것과 트랩이 조여지는 것의 인과관계를 설명하는 운반체로 작용한다(그림 37.1). 이 은유의 멋진 점은, 내담자가 실제로 핑거 트랩을 사용함으로써 설명에 의존하지 않고도 직접 체험할 수 있다는 것이다. 또한 물리적 은유는 그 속성상 굉장히 기억에 잘 남는 경향이 있다. 치료자는 이렇게 말하며 언어적 비교를 제시한다. "당신이 트랩을 조이는 방식이 불안에 대응하는 방식과 되게 비슷하네요." 이는 등위구성틀이다. 이를 통해 은유의 기능('불편하다고 해서 거기서 벗어나려고 하면 오히려 더 빠져들게 됨')이 불안과 연관된 관계망으로 전달될 수 있다. 이 관계망은 불안 및 그와 관련된 생각, 그리고 가장 중요하게는 행동 반응을 포함한다. 내담자가 이런 식으로 은유를 사용함으로써, 서로 다른 구성 요소 간의 기능적 관계가 더 확연해지며 이를 더 효과적으로 추적할 수 있다. 치료자가 핑거 트랩을 푸는 것의 본을 보이고(조여짐과 불편함을 해소하기 위해 오히려 양 손가락을 더 **안으로** 집어넣음), 불안에 직면할 때 행동 레퍼토리를 넓히는 것이 어떤 모습일지 생각해 봄으로써 새로운 행동의 문을 여는 것이 중요하다.

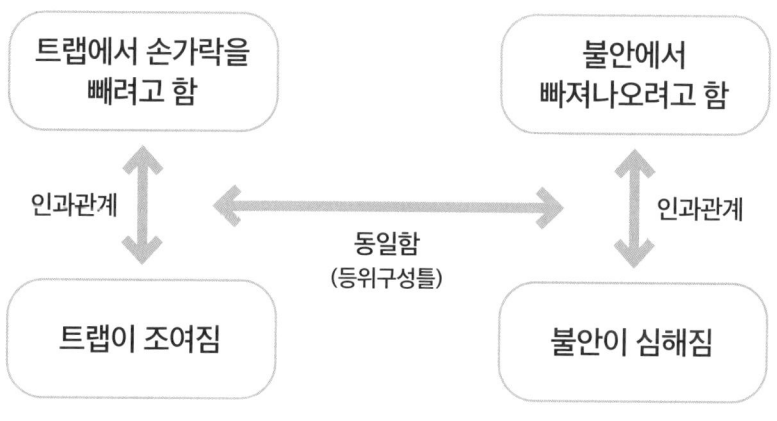

그림 37.1 차이니즈 핑거 트랩 은유의 관계망

'기성품'을 사용하든 새로운 것을 함께 개발하든, 내담자와 함께 은유를 활용할 때 명심할 것이 있다(Törneke, 2017). 첫째, 은유의 기능이 내담자의 문제와 잘 맞아야 한다. 예를 들어 내담자가 비판에 직면했을 때 변명하는 것을 설명하기 위해 핑거 트랩 은유를 사용하는 것은 효과가 떨어질 수 있다. 둘째, 은유는 내담자가 경험한 범주 안에 있어야 한다. 내담자가 버스를 타 본 적이 한 번도 없다면 버스 안의 승객들 은유(68장)는 별로 효과가 없을 것이다. 마지막으로, 은유의 목적이 명확해야 하고 실제로 내담자의 중요한 기능과 관련지어 적용하는 것이 중요하다. 이를 위해 치료자는 평가를 통해 내담자가 지닌 이슈의 핵심적인 기능적 관계를 잘 이해하고 있어야 한다.

38

과정에 초점을 유지하기
RETAINING A PROCESS FOCUS

ACT 평가에서 치료자는 갇힌 상태를 유발하는 핵심 과정에 초점을 유지하고자 많은 노력을 기울일 것이다. 이를 위해서는 평가 때 6개의 과정 모두와 그것들이 어떻게 심리적 경직성을 뒷받침하는지 다뤄야 한다. 이 모든 것은 기능맥락적 프레임워크에 내재돼 있다. 치료자는 어떤 과정이 어떻게 기능하고 어떻게 맥락의 지원을 받는지 살펴보게 된다.

예를 들어 내담자가 "전 실패자예요."라고 말할 때, ACT 평가에서는 '실패'의 객관적 근거보다는 그와 관련된 과정에 더 중점을 둔다. '실패'가 현실과 일치한다는 이유로 '실패'를 문자 그대로 받아들이고 그와 쉽게 융합되는 사람도 있겠지만, 그것이 진실일 가능성은 낮다. 내담자의 삶 속에는 '실패'에 들어맞지 않는 수많은 경우가 있을 것이다. 따라서 곧바로 그런 경우를 예로 들면서 반박하고 싶은 마음이 들겠지만, 이것은 실패 이야기의 다른 기능을 충분히 고려하지 않은 것이다. 치료자가 그렇게 하면 이야기와 씨름하고 있는 내담자와 합세해서 본의 아니게 내담자가 내용과 맺고 있는 관계를 강화할 수 있다.

ACT 평가를 시행하는 치료자는 내담자가 '난 실패자야.'라는 생각이 존재할 때 그에 대응하는 방식을 탐색할 것이다. 여기에는 내담자가 자신의 이야기와 융합되어 그에 따라 행동하거나(인지융합), 이야기를 없애려고 싸우는(경험회피) 것도 포함된다. 치료자는 "전 실패자예요."가 내담자의 행동을 좌우할 때 그가 중요한 가치를 향해 다가가는 것이 얼마나 가능할지 물어볼 수 있다. 또한 치료자는 내담자의 학습 이력이 이야기의 작동 방식에 어떤 영향을 끼쳤는지 이해하기 위해, 그런 자기이야기가 얼마나 오래됐는지 물어볼 수도 있다. 이 모든 것은 '난 실패자야.'의 다양한 기능, 그런 기능을 뒷받침하는 맥락, 그리고 이에 맞춰 진행되는 과정을 더 잘 이해하는 데 실질적인 도움이 된다.

이를 은유적으로 표현하자면, 치료자가 내담자가 내용의 강에 휩쓸려 가는 자신을 스스로 관찰하게 도와주는 것과 같다. 치료자는 당연히 내담자를 구하고 고통을 덜어주기 위해 강에 뛰어들고 싶은 마음이 들겠지만, 강물의 흐름, 경로, 흐름을 막는 장애물을 알기 위해 거리를 두고 관찰하는 자세가 필요하다. 치료자가 평가 과정에서 가장 먼저 할 일은 내담자가 내용의 강에 빠져 있음을 알도록 도와주는 것이다. 그런 뒤에 개입을 통해서 내담자가 거기에서 빠져나오는 것을 연습하고, 강둑에 있는 치료자와 합류해서 내용의 강이 흘러가는 것을 함께 바라볼 수 있다.

39

개방성, 알아차림, 능동성
OPEN, AWARE, AND ACTIVE

개방성, 알아차림, 능동성은 ACT의 6가지 핵심 과정을 3개로 묶어 준다. 이는 치료자가 내담자에게 주요 구성 요소를 설명하고 평가와 공식화를 더 초점화하는 데 상당히 유용할 수 있다.

이 3가지 과정은 심리적 유연성의 기반을 이루는 ACT의 기둥pillars을 구성한다. 각 기둥은 개입의 초점에 따라 건강, 웰빙, 회복탄력성 등을 뒷받침하는 기능을 한다.

첫 번째 기둥인 **개방성**은 탈융합과 수용의 두 과정으로 구성된다. 이는 효용성 없는 실천이나 경험회피를 감소시키는 내적 경험에 대한 개방적인 태도를 말한다. 개방성이 있으면 고통스럽거나 원치 않는 내용과 씨름하지 않고 수용할 수 있다. 행동 또한 지나치게 경직된 규칙에 의해 협소화되지 않고 직집직 수반성에 의해 조성될 가능성이 더 높다. 이 영역에서 핵심 질문은 다음과 같다.

- 당신이 특히 씨름하고 있는 마음속 경험은 무엇인가요?
- 당신은 불편한 내적 경험에 마음을 열 때가 있나요?

두 번째 기둥인 **알아차림**은 개념화된 과거, 미래, 자기에 지배되지 않고 개방성, 비판단, 호기심을 가지고 현재 순간과 접촉할 수 있는 능력을 일컫는다. 진정 현재에 충실하기 위해서는 내용에 대한 알아차림과 개방적인 태도가 모두 필요하기 때문에, 이 과정은 **개방성** 과정과 함께 현재와의 접촉을 촉진한다. 자신과 시간에 대한 개념화된 관점에 덜 얽매일수록 자기와 자기이야기에 대한 조망수용 능력을 늘릴 수 있다. 핵심 질문은 다음과 같다.

- 자신이 종종 별생각 없이 autopilot 행동하고 있다는 것을 아나요?
- 자신의 관점에서 벗어나 다른 사람의 관점에서 바라보는 게 얼마나 쉽게 느껴지나요?
- 자신에게 관대하고 자비롭게 대하는 것이 어렵게 느껴지나요?

마지막으로 **능동성** 기둥은 가치와 전념행동을 실행하는 것을 모은 것이다. 이를 위해 내담자는 자신에게 중요한 것을 명료화함으로써 가치와 강한 관계를 구축해야 한다. 그리고 난 뒤에야 자신이 선택한 가치를 지향하는 실천을 할 수 있다. 핵심 질문은 다음과 같다.

- 당신은 언제 가장 살아 있고, 활력 있고, 몰입하는 느낌이 드나요?
- 당신은 설령 상황이 어려워지더라도 삶의 방향과 목표를 설정하고 그것을 계속 유지하는 것을 얼마나 잘할 수 있나요?

3개의 기둥은 단독으로 존재하지 않고 함께 시너지 작용을 통해 심리적 유연성을 구축한다. 예를 들어 **능동성** 기둥이 작동하려면 내적 생각과 느낌이 나타나는 것을 관찰하기 위해 **알아차림** 기술이 필요할 것이다. 효과적인 실천에 방해가 되는 생각에 얽매이는 것을 효과적으로 감소시키기 위해서는 **개방성** 기술이 필요할 것이다. 흔히 병에서 코르크 마개를 따기 위해서는 코르크 마개의 한쪽만 계속 누르지 말고 다른 부분들에도 압력을 줘야 한다. 이는 심리적 유연성을 구축하는 데도 똑같이 적용할 수 있다. **개방성, 알아차림, 능동성** 기둥 각각에 해당하는 기술을 양성해야 한다. 치료자가 어떤 평가나 개입을 하든 이 3가지를 모두 염두에 둬야 한다.

40

초점화된 평가
FOCUSED ASSESSMENT

평가를 하다 보면 종종 내담자가 꺼내는 문제를 정의하는 데 많은 시간을 할애하기 쉽다. 자연스레 치료자는 내담자가 당면한 문제에 관심을 보이고 열심히 거기에 이름을 붙이고 설명한다. 개입 계획을 파악하고 설계하는 데 사용되는 진단적 범주가 이 과정에 어느 정도 영향을 준다. ACT는 범진단적 접근으로서, 진단보다는 내담자를 갇히게 만드는 과정과 맥락에 더 많은 관심을 가진다.

커크 스트로샐과 패트리샤 로빈슨Patricia Robinson은 초점화된 ACTFocused ACT, FACT 프로토콜을 개발했다(Strosahl, Robinson, & Gustavsson, 2012). 여기서는 다음의 내용을 특징으로 하는 4단계의 초점화된 평가를 제시한다.

변화에 대한 기대

FACT 프로토콜에서는 문제를 파악하는 첫 시작으로, 내담자가 문제의 크기를 1(문제가 안 됨)부터 10(매우 큰 문제) 사이에서 선택하게 한다. 회기가 끝날 무렵 치료자는 2개의 후속 질문을 한다. 첫 번째 질문은 "당신은 오늘 우리가 작성한 계획을 끝까지 실천할 자신이 얼마나 있나요? 0은 전혀 자신이 없는 거고 10은 매우 자신 있는 겁니다."이다. 두 번째 질문은 "오늘 만남이 얼마나 도움이 됐나요?"이며 이 또한 1-10점 중에서 대답하게 한다. 이 두 가지 질문은 개입 계획을 수립하고 문제를 추적하는 데 사용할 수 있다.

사랑, 일, 놀이, 건강

현재 내담자가 자신을 바라보는 맥락을 파악하기 위해 삶의 4가지 중심 영역에 대해 물어본다.

사랑 – 누구와 함께 살고 있나요? 집에 별일은 없나요? 가족이나 친구들과는 다정한 관계를 유지하고 있나요?

일 – 일, 공부, 기타 의미 있는 활동을 하나요? 무슨 일을 하죠? 만약 일을 안 한다면 생계는 어떻게 꾸려 나가나요? 그게 즐거운가요?

놀이 – 취미나 휴식으로 뭘 하나요? 긴장을 어떻게 풀죠? 창의적인 활동을 하는 게 있나요? 지역사회 공동체나 이웃과 친한가요?

건강 – 운동을 하고 건강을 챙기나요? 담배, 마약, 음주를 하나요? 잘 먹나요? 잠자는 건 어떤가요?

초점화된 문제 평가 – 3개의 T와 효용성

시간Time – 문제가 얼마나 자주 나타나나요? 문제가 나타나기 직전이나 직후에 무슨 일이 벌어지나요? 왜 지금 문제가 나타난다고 생각하나요?

촉발요인Trigger – 문제가 나타나게 하는 촉발요인, 사건, 사람이 있나요?

궤적Trajectory – 문제가 언제 처음 시작됐나요? 시간이 지남에 따라 어떻게 변했죠? 살면서 문제가 더 심해졌거나 나아진 때는 언제인가요? 문제가 나타나는 패턴이 있나요?

효용성workability – 문제를 해결하기 위해 지금까지 뭘 해 왔나요? 그게 단기적으로 도움이 됐나요? 장기적으로는 효과가 있었나요? 그게 당신이 되고 싶은 사람이 되는 데 장기적으로 도움이 됐나요?

물론 이것만으로는 상세하고 철저한 평가라 할 수 없다. 하지만 치료자는 위 영역에 초점을 맞춰 기능분석에 사용할 핵심 정보를 도출함으로써 변화를 위한 기술 개발로 신속히 넘어갈 수 있다.

41

창조적 절망감
CREATIVE HOPELESSNESS

'창조적 절망감creative hopelessness'은 ACT에서 가장 오해받는 용어 중 하나다. 대개 치료자가 내담자의 상황을 기술하기 위해 절망감이라는 용어를 사용하지는 않는다. 여기서 가장 중요한 것은 창조성이며, '창조적 절망감'은 내담자가 문제에 접근하는 새로운 행동을 파악하는 역설적 용도로 사용된다. 치료 초기에는 대개 통제 의제(8장)가 매우 두드러지기 때문에, 치료자에게는 이 이슈를 헤쳐 나갈 방법이 필요하다. 높은 수준의 불안을 경험하는 내담자는 불안을 최대한 빨리 없애는 법을 배우는 데 몰두할 것이다. 이해할 만한 일이기는 하지만, 불안을 통제하려는 것은 항상 문제를 유발하는 핵심 과정으로 작용한다. 이제 치료자는 높은 수준의 불안을 떠받치고 있는 그런 행동을 불필요하게 강화하지 않으면서도, 내담자가 고통을 감소시키려는 욕구를 인정하는validate 방법을 찾아야 하는 딜레마에 빠지게 된다. 그 정답은 바로 새로운 대응 방법에 대한 호기심을 자극하면서 통제가 소용없음을 강조하는 것이다.

은유의 사용

37장에서 설명했듯이 은유는 지식과 경험을 한 영역에서 다른 영역으로 전달하는 데 탁월한 효과가 있다. 55장과 56장에서는 맞서 싸우는 것의 덧없음을 보여 주는 두 개의 물리적 은유(차이니즈 핑거 트랩과 줄다리기)를 소개한다. 앞의 두 개 외에도 구덩이에 빠진 사람의 은유도 유용히게 사용할 수 있다.

당신이 어느 날 걸어가다가 예기치 못하게 깊고 어두운 구덩이에 빠졌다고 생각해 보세요. 당연히 당신은 놀랄 거고 나가는 길을 찾으려고 몸을 뒤척일 겁니다. 그러다가 손에 삽이 잡히고, 당신은 모든 사람의 마음속에 떠오르는 바로 그 생각대로 행동합니다. 바로 삽으로 바닥을 파는 거죠. 문제는 삽으로 파면 팔수록 구덩이는 더 깊어지기 때문에 문제를 더 악화시키기만 한다는 겁니다. 그래서 당신이 가장 먼저 할 일은, 당장 무슨 행동을 해야 할 것 같더라도 그런 직관과는 반대로 삽으로 땅 파는 것을 멈추고 삽을 내려놓는 겁니다.

단기 및 장기 효과 대조하기

통제 전략은 적어도 단기간에는 효과가 있을 때가 많기 때문에 쉽게 끌린다. 설령 효과가 없더라도 자신이 수동적으로 있지 않고 뭔가 하고 있다는 환상을 심어 준다. 바로 이러한 기능을 인식하고 검증하는 것이 중요하다. 그런 뒤에 장기 효과와 대조되는 단기 효과의 한계를 더 명확히 드러낼 필요가 있다. 이것은 현재의 전략에 대해 어느 정도 **절망감**을 불러일으킨다. 여기서는 치료자인 당신이 V8 엔진이 달린 삽을 갖고 있다는 느낌을 주지 않도록 조심스럽게 접근해야 한다. 내담자가 과거에 했던 여러 전략들을 동일한 기능인 파는 행동으로 묶음으로써, 단순히 절망에 빠져 있지만 말고 뭔가 새롭고 **창의적인** 것을 해야 함을 명확히 해야 한다.

효용성
WORKABILITY

창조적 절망감(41장)과 긴밀히 관련된 것이 바로 **효용성** 개념이다. 효용성은 헥사플렉스의 왼쪽과 오른쪽을 연결하는 가닥thread으로, 기능맥락주의의 핵심 개념이다. 효용성은 우리가 선택한 가치의 방향으로 움직이고 있는지 물어본다. 우리가 "XYZ가 맞거나 정확한가?"라고 물어보는 훈련을 가장 많이 받아 온 것을 고려하면, 효용성 질문은 상당히 특이하다. 효용성의 렌즈는 우리가 본질적 진실에서 벗어나 무엇이 중요한지 확인할 것을 장려한다. 예를 들어 '난 뼛속 깊이 형편없어.'라는 생각은 심리적 상태를 정확하게 반영한 것일 수는 있지만, ACT 관점의 치료자는 내담자가 그 생각과 어떤 관계를 지니고 있는지, 그 관계가 내담자가 중요한 것을 하는 데 어떤 영향을 끼치는지에 대해 관심을 가진다. 내담자가 그 생각에 전혀 방해받지 않은 채 자신이 중요시하는 것과 깊고 충만하고 의미 있는 방식으로 관계를 형성할 수 있다면 정말 잘하는 것이다! 그런 상황에서는 굳이 ACT를 통해 더 할 것이 없다. 하지만 만약 다른 사람에게 마음의 문을 열려고 할 때마다 그런 생각에 사로잡혀서 친밀함을 형성하지 못한다면, ACT는 여기에 대해 관심을 가진다.

이 개념은 어떤 생각이 진실인지 아닌지에 대한 길고 긴 논쟁을 피하는 데 굉장히 유용하다. 또한 다르게 생각하거나 행동해야 함을 암시하는 것에서 비롯되는 온갖 판단들을 감소시키는 데 도움이 된다. 완벽하게 이치에 **맞고** 완전히 그럴 듯한 행동도 중요한 것으로부터 멀어지도록 작용할 수 있다. 따라서 효용성을 기반으로 실천을 평가하는 것은, 어떤 행동이 틀리다는 것이 아니라 주어진 맥락에서 효과가 덜 나타난다는 것을 의미하기 때문에 내담자를 인정해 주는 효과가 있다.

당신이 '배우자가 너무 매달리고 감정적이야.'라는 생각에 사로잡히는 것은, 당신이 중요한 것에 다가가는 데 도움이 되나요? 아니면 중요한 것으로부터 물러나게 하나요?

당신이 속마음을 말하지 않고 있을 때, 당신은 자신이 되고자 하는 그런 사람으로 존재하고 있나요?

당신이 '다 소용없어' 식의 이야기에 빠져 있으면, 효과성의 관점에서 볼 때 대개 장기적으로 일이 어떻게 진행되나요?

위의 질문들 각각에서는 특정한 행동적 태도의 결과를 강조한다. 이를 통해 생각을 바꾸거나 밝고 긍정적으로 되는 것이 변화의 방향이 아님을 짐작할 수 있다. 오히려 변화는 가치와 연결되고, 주의를 기울여 그런 가치에 더 부합하는 행동을 선택하는 방향으로 이루어져야 한다.

43

ACT 모형 공유
SHARING THE ACT MODEL

치료자가 ACT 모형을 공유하는 데는 몇 가지 방식이 있다. 전문가 훈련을 제외하면 헥사플렉스나 6개 핵심 과정을 얘기할 일은 없을 것이다. 그런 내용은 지나치게 전문적이거나 내담자에게 부적합하다. 따라서 치료자는 내담자가 지닌 이슈에 맞게 모형의 본질을 전달할 간단한 방법을 찾아야 한다.

내담자들이 통제 의제를 중요시하며 치료받으러 오는 것은 이해할 만하며, 이는 치료 초기의 흔한 이슈 중 하나다(41장과 42장을 보라). ACT는 이름에서부터 '수용'이라는 다소 어색한 단어가 있는데, 이는 통제하려는 노력과 상충된다. 따라서 초반에 이 이슈를 다루고 치료의 구성 요소를 설명하는 1분 스피치를 준비하면 좋다.

ACT는 당신이 삶에서 정말 중요한 것을 파악하고, 그것을 향해 활력 있고 적극적으로 움직일 수 있게 해 줍니다. ACT는 또한 수동적으로 사는 것에서 벗어나 삶의 여정에서 마주치는 생각, 느낌, 감정을 능숙하게 다뤄서 그것들의 영향력을 감소시키는 법을 배우는 것이기도 합니다.

위와 같은 설명은 통제 의제를 뒷받침하지 않고 능동성과 가치에 중점을 둠으로써 전체적인 ACT 모형(개방성, 알아차림, 능동성)을 전달한다. 우리의 경험상, 내담자가 통제 의세 위주로민 대화히려 할 때 위와 같은 설명을 효과적으로 활용할 수 있다. 이 이슈는 종종 개입 과정 전체에 걸쳐서 나타날 때가 많은데, 초기에는 참여가 중요하며 내담자는 대개 치료자가 자신의 관점을 경청하고 이해해 주기 바란다. 위에 나와 있는 것처럼, 우리는 당신이 편안하고 자신감 있게 느낄 수 있는 당신만의 ACT 1분 스피치를 만들어서 활용할 것을 권고한다.

폴 플랙스만Paul Flaxman은 ACT의 정수를 시각적으로 보여 주기 위해 '종이 두 장' 은유(친근하게 **플랙스만 기법**이라고도 함) 연습을 개발했다. 이 연습에서 치료자는 한 종이에 '개인적 가치'를 적고 다른 종이에는 '도움이 안 되는 생각이나 느낌'을 적는다. 치료자는 '도움이 안 되는 생각이나 느낌'을 내담자에게 훨씬 더 가까이 놓으며 종이 두 장을 모두 잡고 이렇게 말한다. "지금 이 순간에는 '도움이 안 되는 생각과 느낌'이 당신의 행동에 더 큰 영향을 주고 있습니다. 비록 당신이 가치를 향해 나아가려고 해도 도움이 안 되는 생각과 느낌이 튀어나와서 그런 행동을 가로막기 쉽습니다." 그러고 나서 치료자는 '개인적 가치'를 적은 종이를 다른 종이 앞에 놓으며 이렇게 말한다. "저는 당신이 별생각 없이 행동하는 것에서 벗어나는 법을 배우고, 가치를 더 확실하게 행동 지침으로 삼도록 함께 치료를 진행해 나갔으면 합니다. '도움이 안 되는 생각과 느낌'은 그저 눈에 덜 띌 뿐 완전히 사라지지는 않는다는 것을 명심하세요."

마지막으로, 46장에서 다루는 ACT 매트릭스는 이 모든 구성 요소들을 극적인 방식으로 보여 주는 또 다른 유용한 방법이다. ACT 매트릭스는 욕구행동과 반대되는 유용하지 않은 행동들이 어떻게 계속 순환하며 유지되는지 파악하게 해 준다. 이런 식의 변별은 ACT 모형의 핵심이자, 내담자와 모형을 공유하는 데도 매우 큰 도움이 된다. 다음 질문은 ACT 매트릭스와 ACT 치료 작업의 정수를 더 일반적으로 표현한 것이다. "만약 당신이 둘 중 하나만 선택해야 한다면, 당신에게 중요한 사람과 대상에게 다가가는 행동을 선택할 건가요, 아니면 당신이 무서워하고 싫어하는 것으로부터 멀어지는 행동을 선택할 건가요?" 대부분 내담자는 전자를 선택할 것이고, 이는 ACT를 시작하는 좋은 출발점이 된다.

44

지속 순환주기
MAINTENANCE CYCLES

여기 고전적인 ACT 은유가 하나 있다. 당신이 유사流砂quicksand에 갇혀서 점점 그 속으로 가라앉고 있다고 상상해 보라. 당신은 당황하면서 한쪽 다리를 빼내려고 하지만 그럴수록 무게 중심이 다른 쪽 다리에 실리면서 더 가라앉을 뿐이다! 당신은 정신이 아득해지면서 필사적으로 다른 쪽 다리를 빼내려고 하지만, 의도와 달리 모래 속으로 더 가라앉기만 할 뿐이다. 이것은 우리가 불안처럼 우리를 괴롭히는 많은 것에 대처하는 방식과 매우 흡사하다. 우리가 더 적극적으로 맞서 싸우거나 혹은 피하려고 할수록 그것은 우리를 더 끌어당긴다. 내담자가 가장 깨닫기 힘들어하는 것 중 하나는, 아무리 좋은 의도를 지닌 행동이라도 예기치 않은 결과를 초래함으로써 상황을 더 악화시킬 수 있다는 것이다. 위의 예에서 다리를 빼는 것은 충분히 그럴 만한 행동이다. 대부분의 사람들이 고통스러운 감정과 맺고 있는 학습 맥락을 생각하면, 불안에 직면했을 때 피하려고 하는 것은 충분히 이해할 만하다. 하지만 결과적으로 볼 때 이것은 불을 끄려고 휘발유를 끼얹는 격이다.

이러한 행동은 최대한 존중과 이해를 담아서 탐색해야 한다. 유능한 ACT 치료자는 아무리 해롭고 파괴적인 행동이라도 내담자가 그런 행동을 하는 이유를 온전히 이해하기 위해 기능분석을 활용할 것이다. 지속 순환주기를 그릴 때 시작점은 여러 군데가 있겠지만, 대개는 내담자가 씨름하고 있는 원치 않는 감정부터 시작하는 것이 가장 좋다. 더불어 내담자가 융합되어 있는 감정과 관련된 생각도 파악해야 한다. 흔히 '이건 지나쳐.', '계속 이런 감정을 갖고 있으면 헤어나지 못할 거야.', '이런 감정을 느낀다는 것은 내가 이상하거나, 나쁘거나, 미쳤다는 거야.' 같은 생각이 여기에 속한다. 이런 생각과의 융합은 감정을 감각 경험에서 위협적인 것으로 변형시킨다(53장의 깔끔한 고통과 지저분한 고통을 보라). 융합은 경험회피로 이어진다. 이는 감정회피 또는 행동회피의 형태를 취할 수 있다. 감정회피는 느낌 및 그와 관련된 생각을 직접적으로 억제하려는 시도다. 술, 반추, 혹은 더 극단적 형태로 해리 같은 것들이 좋은 예다. 행동회피는 감정 및 그와 관련된 생각이 나타날 가능성이 높은 단서나 맥락을 피하는 것을 의미한다. 치료에서 어려운 주제를 피하거나, 실패가 두려워 승진을 포기하는 것이 행동회피의 예다. 감정회피와 행동회피는 명확히 구분하기 어려울 때가 많다.

  경험회피는 삶에서 상당한 대가를 치르게 만든다. 생활 반경이 작아지고, 회피하는 데 상당한 에너지를 소모하게 되며, 가치 있는 행동을 할 수 있는 기회를 잃게 된다. 또한 경험회피로 없애려고 했던 문제를 결과적으로 더 많이 유발할 수 있다. 장기적으로 보면, 억제했던 생각은 쉽게 다시 떠오르고 회피했던 감정은 더 생생하게 느껴진다. 이 모든 것이 계속 순환한다는 것은, 시발점이었던 고통스러운 감정이 계속 유지되거나 오히려 더 악화될 가능성이 높음을 의미한다. 내담자의 수치심을 유발하지 않게 조심스럽고 정중히 진행한다면, 이러한 순환을 강조함으로써 매우 큰 희망을 불러일으키고 기술을 쌓을 수 있는 기회를 확보할 수 있다.

45

다가가고 물러나는 움직임
TOWARDS AND AWAY MOVES

대략적으로 볼 때 살아 있는 유기체의 행동은 두 가지 중 한 방향을 향한다(5장 참조). 첫 번째는 맛있는 과자, 사랑하는 애인, 즐거운 경험처럼 욕구나 욕망을 향해 움직이는 것이다. 행동주의에서는 이를 전문용어로 **욕구**통제라고 한다. 두 번째 방향은 날카로운 발톱이나 이빨을 가진 유기체나 유해 환경처럼 달갑지 않은 것으로부터 물러나는 것이다. 이는 **혐오통제**에 따른 행동이다.

사람은 언어를 추가함으로써 이 과정을 굉장히 복잡하게 만든다. 우리는 언어를 통해 외부 사건뿐만 아니라 생각, 감각, 감정 같은 내부 사건도 혐오적으로 바라보는 능력을 갖추게 됐다. 우리는 안전지대를 벗어나면 어떤 식으로든 불편을 경험한다(물론 이 때문에 안전지대가 있는 것이다). 만약 이런 불편에 지나치게 과하고, 특이하고, 유별난 징후라는 꼬리표가 붙고 우리가 그 꼬리표와 융합되면, 갑자기 그 불편한 감각은 날카로운 발톱이 달린 무서운 호랑이처럼 위협적인 것이 되고 그것으로부터 물러나야만 하는 것으로 인식된다. 그런 느낌에서 멀어지기 위한 행동(감정 억제, 위스키 한 잔)은 이제 혐오통제 혹은 다른 말로 **물러나는 움직임**away move에 따르게 된다.

반대로 언어를 의미 있는 것, 즉 가치와 연결하는 데 사용하는 대안적 반응을 할 수도 있다. 만약 어떤 느낌에 가치 있는 행동의 징후라는 꼬리표가 달린다면, 이는 경험을 변화시킨다. 이때 행동은 욕구통제, 혹은 다른 말로 **다가가는 움직임**towards move의 관점으로 바라보게 된다.

    욕구통제에 따르는 행동은 유기체의 생존과 번식에 필요한 것과 관련 있기 때문에 행동을 조직화하는 데 아주 강력한 영향을 끼칠 수 있다. 이런 유형의 움직임은 더 많은 창의성 및 유연성과 관련된다는 연구 결과도 있다(Friedman and Förster, 2001, 2002). 혐오통제에 따르는 행동도 동기를 부여하고 강력한 영향을 끼치지만, 반응적 행동 패턴을 유발하는 경향이 있기 때문에 행동을 폭넓게 조직화하지는 않는다. 물러나는 움직임은 흔히 위험을 회피하고 보수적이다.

    공식화를 할 때는 다가가고 물러나는 움직임을 나타내는 것을 내담자와 함께 확인하는 것이 매우 중요하다. 실제로 치료자가 내담자가 이를 변별하도록 돕는 것이 매우 중요하다. 동일한 행동이 때로는 다가가는 움직임도 되고 물러나는 움직임도 된다는 사실은 복잡성을 더한다. 예를 들어 퇴근 후 오래달리기를 하는 것은 건강과 웰빙을 추구하는 매우 좋은 행동이지만, 무가치감을 없애기 위한 것이라면 물러나는 움직임으로 기능한다. 그래서 치료자는 다음과 같은 질문을 통해 내담자가 움직임을 변별하도록 돕는다. "당신이 X를 할 때 몰입되고 활력 있는 느낌이 드나요, 아니면 무미건조하고 반복적으로 느껴지나요?" 감성 경험과 연관 짓는 것은 몇 가지 유용한 단서를 제공해 줄 수 있다. 단기적·장기적 측면에서 결과를 물어보는 것(41장 참조)은 행동의 기능을 보여 줄 수 있는 좋은 방법이다.

46

ACT 매트릭스
THE ACT MATRIX

ACT 매트릭스는 ACT 모형의 핵심적인 부분을 전달하기 위해 다가가고 물러나는 움직임(45장)과 지속 순환주기(44장)의 개념을 매우 시각적인 방식으로 한데 묶어 주는 유용한 다목적 도구다(Polk, Schoendorff, Webster, & Olaz, 2016).

매트릭스는 단순하게 두 개의 선이 교차하며 사분면을 그리고 있는 모습이다(그림 46.1). 수평선의 오른쪽 끝은 다가가는 움직임(욕구통제에 따르는 행동)을, 왼쪽 끝은 물러나는 움직임(혐오통제에 따르는 행동)을 나타낸다. 수직선의 위는 관찰 가능한 행동을, 아래는 행동의 내적 동력drivers을 나타낸다. 이 사분면을 활용하면 생각, 느낌, 행동을 시각적으로 분류할 수 있다.

매트릭스의 오른쪽 부분은 중요한 것을 향해 다가가는 움직임에 초점을 맞추며, 나침반 은유(32장)를 여기에 도입하면 유용하다. 처음에 유용하게 물어볼 만한 질문은 다음과 같다. "당신에게는 누구와 무엇이 중요한가요?" 오른쪽 위 사분면은 가치 지향적 행동을 나타낸다. 여기에 대해서는 다음과 같은 질문이 유용하다. "이 가치들이 나침반처럼 당신을 인도하고 있을 때 당신이 어떤 행동을 하는 것을 볼 수 있을까요?"

매트릭스의 왼쪽은 물러나는 움직임을 나타내며, 왼쪽 아래는 가치 있는 행동을 시도하는 것에 반응하여 나타나는 생각과 느낌을 보여 준다. 예를 들어 불안, 슬픔, 분노 같은 감정, '난 할 수 없어.', '난 또 실패할 거야.', '난 이런 느낌을 감당할 수 없어.' 같은 생각이 여기에 속한다. 이것들을 이끌어 내는 유용한 질문은 다음과 같다. '당신이 가치를 표현하지 못하게 방해하는 작용을 하는 생각이나 느낌에는 뭐가 있나요?'

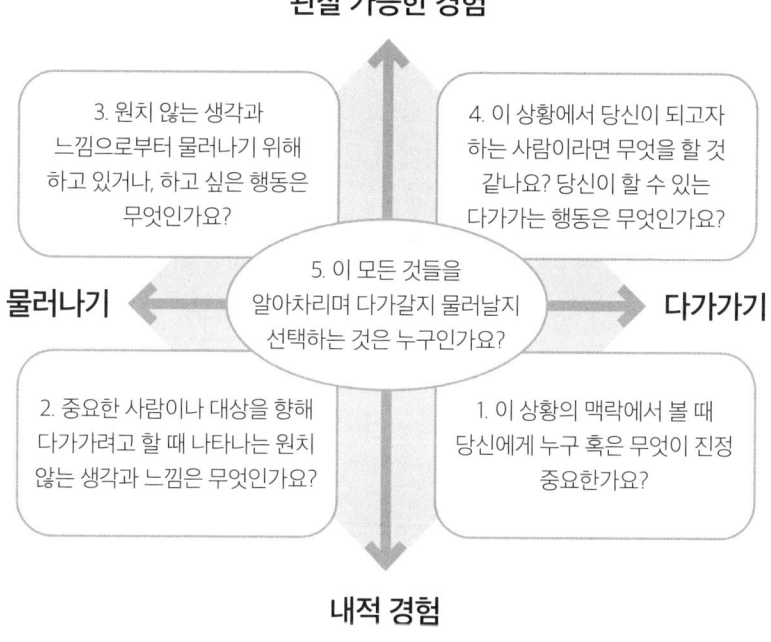

그림 46.1 ACT 매트릭스

내담자가 이런 경험에 사로잡히면 흔히 치료자와 내담자는 그런 경험을 줄이거나 거기에서 물러나기 위해 노력하게 된다. 이런 행동은 사분면 왼쪽 위에 자리 잡는다. 여기서는 이렇게 물어볼 수 있다. "이런 내부의 장애물이 나타나서 당신을 붙잡으면, 거기에서 물러나기 위해 뭘 하나요?"

마지막으로 한가운데 원이 있는데, 이는 다른 모든 구성 요소들을 관찰하고 그것들이 어떻게 작용하는지 알아차리는 내담자 자신을 나타낸다. 치료자는 내담자가 이 모든 경험을 알아차리는 사람이 누구인지 깨닫고, 내담자가 이러한 경험을 알아차리고 있는 상태에서는 자신의 행동에 대해서도 선택할 수 있음을 알게 해 준다.

치료자가 실전에서 매트릭스를 적용할 때는 종이나 화이트보드에 사분면을 그려서 내담자와 함께 각 영역에 해당하는 예를 작성해야 한다. 딱히 규칙이 정해져 있는 것은 아니지만, 가치를 다루고 있는 오른쪽 아래에서부터 시작해서, 그에 반응해서 나타나는 생각과 느낌으로 넘어가고, 이어서 왼쪽 위의 물러나는 행동으로 이동하는 것이 좋다. 마지막으로는 오른쪽 위 사분면에서 가치 지향적 행동을 물어본다. 이 과정을 회기 안과 밖에서 다양한 예를 가지고 여러 차례 실행하면, 행동 및 행동의 주요 결정 요소를 주의 깊게 **알아차리는** 관찰자 시점을 함양하는 데 도움이 된다. 이는 원치 않거나 고통스러운 생각과 느낌이 존재하는 것에 대한 **개방적인** 태도로 이어질 수 있으며, 그로 인해 능동적인 행동을 할 가능성이 높아진다.

사분면들 사이를 연결하는 것도 유용하다. 처음에는 왼쪽 사분면의 위 아래를 연결함으로써 행동 통제의 근원과 통제 전략의 예기치 않은 결과를 함께 강조한다. 다음으로 아래쪽 사분면들을 연결함으로써 원치 않는 내적 경험들을 거부하기보다는 그것이 가치와 등위관계에 있음을 강조한다. 이렇게 물어볼 수 있다. "당신이 느끼는 고통스러운 감정은 당신에게 정말 중요한 것이 뭐라고 얘기하고 있나요?" 마지막으로, 다음의 질문을 통해 왼쪽 아래와 오른쪽 위(오른쪽 아래까지도)를 연결한다. "만약 당신이 고통스러운 생각과 느낌이 나타날 때 가치의 나침반을 가지고 있고 그것이 당신의 행동을 인도하고 있다면, 어떤 행동을 선택할 것 같나요?"

ACT 과정을 진행하는 기법
TECHNIQUES FOR MOVING ACT PROCESSES

47

현재 순간과의 접촉 기법
CONTACT WITH THE PRESENT MOMENT TECHNIQUES

현재 순간 혹은 마음챙김 기법은 ACT에서 알아차림 기술을 개발하는 데 유용한 가장 기본적인 심리적 기술로 볼 수 있다. 현재 순간과의 접촉을 주의가 흐트러지거나 분산되지 않게 더 선택된 곳에 집중할 수 있도록 도와주는, 일종의 알아차림 훈련으로 자리매김하는 것이 도움이 될 수 있다. 치료자는 이 기술을 소개하면서 이런 유형의 훈련이 거의 모든 사람들에게, 특히 바쁜 삶이나 격한 감정의 고통에 직면했을 때 더욱 유익하다는 것을 언급할 수 있다.

때로는 내담자에게 현재까지의 연구 결과 마음챙김이 걱정, 스트레스, 우울, 반추와 같은 다양한 문제들에 적용할 수 있고, 심리적 건강과 회복탄력성을 쌓는 데 유용한 심리적 기술임을 알려주는 것이 도움이 될 때도 있다.

여기에는 크게 세 가지 실천 방법이 있는데, 내담자가 마음챙김 혹은 현재 순간과의 접촉 훈련을 명상과 똑같은 것으로 여길 수도 있기 때문에 미리 여기에 대해 간략히 설명하겠다. 이 세 가지 방식은 각각 하루 종일 규칙적으로 주의를 기울이기, 일상적 활동 속에서 알아차림을 증진하기, 유도된guided 혹은 정식formal 마음챙김을 실천하기다. 이에 대해서는 48장과 49장에서 더 자세히 다룬다.

현재 순간 기법을 설명할 때는 지시보다는 경험을 강조하는 것이 좋다. 따라서 정식 훈련이 좋은 출발점이 될 수 있다. 우리의 경험상 초반에는 마음챙김 호흡이나 주의를 기울여 먹는 연습이 유용할 때가 많다. 어떤 연습이나 기법을 적용하더라도 그것이 바탕을 두는 구조가 있게 마련인데, 크게 잠시 멈춤Pause, 닻Anchor, 관찰하기Observe, 닻으로 돌아오기Return to Anchor로 요약할 수 있다.

- **잠시 멈춤** – 진행되는 과정을 잠시 멈춘다. 별생각 없이 행동하는 것에서 벗어나도록 알려 주는 자세, 호흡, 제스처 등이 여기에 속한다.
- **닻** – 주의를 집중할 수 있는 순간에 닻을 내린다. 신체 감각, 호흡, 느끼고/보고/듣고/맛보고/만질 수 있는 대상이면 모두 닻이 될 수 있다.
- **관찰하기** – 호기심을 가지고 닻을 관찰하되 변화시키려고 하지 않는다. 가능하면 판단하지 않고 알아차린다.
- **닻으로 돌아오기** – 마음이 방황할 때는 친절한 격려의 제스처와 함께 닻을 알아차린다.

연습을 마친 뒤 치료자는 연습에 대해 궁금한 점을 물어보게 한다. **가슴**("연습하는 동안 어떻게 느꼈나요?", "직접 경험한 오감에는 어떤 게 있나요?"), **미리**("당신 안의 생각하는 마음이 기대하는 것과 실제 경험 간의 차이를 알아차리세요.", "이것이 별생각 없이 반응하는 것을 어떻게 대신하는지 잘 보세요."), **손**("우리가 방금 체험한 것을 당신의 일상에 어떻게 적용할 수 있을까요?", "이런 식의 알아차림이 도움이 될 만한 삶의 영역이 무엇이 있을까요?")을 중심으로 질문의 틀을 설정하는 것이 도움이 될 수 있다.

48

작은 'm'과 마음챙김
MINDFULNESS WITH A SMALL 'm'

현재 순간에 주의를 기울이기 위해 꼭 정식으로 훈련해야만 하는 것은 아니다. 실제로 현재 순간과의 접촉은 치료자가 회기 중에 주의를 기울일 수 있는 맥락을 만들거나 내담자가 일상 속의 알아차림을 실천함으로써 촉진되는 경우가 더 많다. 우리는 이런 마음챙김을 정식 혹은 유도된 마음챙김 명상 훈련(49장)과 구분해서 작은 'm'으로 여긴다.

치료자-내담자 상호작용은 현재 순간에 대한 인식을 촉진할 수 있는 많은 기회를 제공해 주는데, 이를 실행할 수 있는 두 가지 핵심 영역이 있다. 첫 번째는 생각이나 느낌으로부터 '물러나는' 움직임을 촉진하는 자동적 반응을 알아차리는 것이다. 치료자는 49장에 나와 있는 4단계를 사용하여 내담자가 현재 순간에 나타나는 과정에 주의를 기울이도록 한다. 다음을 보자.

치료자 – 제가 잠깐 말씀을 좀 드려도 될까요? 지금 말씀하시면서 눈물을 글썽이시는 것 같습니다. 지금 당신의 몸에 나타나는 감정에 주의를 기울여 보면 어떨까 싶은데요. 가능할까요?

내담자 – 아, 네. 전 이런 느낌이 싫어요. 그냥 없애 버리고 싶어요. 그대로 내버려 둘 수가 없어요.

치료자 – 그렇군요, 그런 걸 느끼는 게 쉬운 일은 아니죠. 저는 마음이 말하는 것을 많이 들어요. 잠시 동안 당신이 그걸 없애고 싶은 자동적 충동이 드는 걸 알아차렸으면 합니다. 그리고 가능한 한 열린 마음과 호기심을 가지고 그 느낌을 관찰해 보세요. 뭐가 느껴지나요?

내담자 – 아, 커다란 슬픔의 우물이요. 그냥 울고 싶어요.

이런 식으로 치료자는 내담자가 현재 순간에 나타나는 감정을 알아차리는 활동에 참여하게 돕는다. 내담자가 감정을 평가하면서 현재에서 벗어나 미래로 넘어가려고 하자, 치료자는 별생각 없이 나타나는 반응을 강조하며 내담자가 감정을 신체적으로 체험할 수 있도록 격려한다.

두 번째 영역은 지금 이 순간 가치 있는 실천을 경험하는 것을 알아차리는 데 있다. 가치 부여에서 핵심은, 가치 지향적 행동을 생각이나 감정의 혐오기능에 따른 행동과 변별하는 데 있다. 치료자는 이러한 변별을 더 명확히 하기 위해 현재 순간의 알아차림을 활용할 수 있다.

치료자 – (내담자가 무언가 의미 있는 내용을 얘기한 뒤) 다른 사람에게 마음을 열고 진실된 모습을 보이기 위해서는 큰 결심이 필요하죠… 그리고 전 방금 당신이 그렇게 한 걸 알았어요.

내담자 – 네, 제가 해낸 것 같아요. 그걸 하려고 꽤 준비를 했죠.

치료자 – 네, 잘하셨습니다. 당신이 해낸 것을 확실히 알겠어요. 지금 어떤 감정이 느껴지는지 여쭤봐도 될까요?

내담자 – 아, 불안이 많이 느껴져요. 땀도 나는 것 같고요!

치료자 – 네, 지금 불안하시군요. 다른 건요?

내담자 – 음, 이상하게도 마음이 안정되는 것 같아요. 가슴 부위가 따뜻해요.

치료자 – 이 감정들은 당신이 했던 행동에 대해 뭐라고 말하고 있나요?

내담자 – 아, 확실히 '더more'라고 말하고 있어요. 이서 팬찮네요. 무섭지만 더 해 보고 싶어요.

여기서 치료자는 내담자가 더 폭넓은 경험에 호기심을 가지게 하고, 이런 경험과 내담자의 행동 사이의 관계를 도출한다. 이런 식으로 치료자는 끊임없이 현재 순간을 알아차리는 것을 활용해서 내담자가 '불안', 따뜻한 느낌, 진정성의 가치 간에 등위구성틀을 형성하도록 돕는다.

49

정식 마음챙김 연습
FORMAL MINDFULNESS EXERCISES

'정식 마음챙김'이란 쉽게 말해 명상을 실천하려고 따로 시간을 할애하여 연습하는 것을 말한다. 흔히 실시간 회기나 녹음된 내용을 통해 유도가 이루어진다. 회기는 내담자가 알맞은 경험을 할 수 있도록 최적화할 수 있기 때문에 정식 연습을 시행하기에 알맞은 장소다. 회기 중에는 내담자가 치료자에게 일상 생활에서 마음챙김을 어떻게 실천할 수 있을지 물어보고 함께 의논할 수 있는 기회도 가질 수 있다. 47장에서 논의했다시피, 직접 경험하는 것이 경험에 대해 말하는 것보다 중요하다. 보통은 내담자가 갇힌 수준만큼 연습 시간을 할애해야 하지만, 그보다 적게 하는 것이 효과적일 때도 있다.

마음챙김 커뮤니티에서는 치료자가 다른 사람을 가르치거나 훈련시키기 전에 자신이 먼저 수양해야 한다고 말한다. 일반적으로 최소 8주 과정을 이수하는 것을 마음챙김 기본 훈련의 표준으로 삼는다. 이는 받아들일 만한 것으로, 경험적 속성을 중시하는 ACT의 에토스ethos와도 잘 들어맞는다. 물론 강제적인 규칙은 없으며, ACT 모형의 모든 기술과 마찬가지로 경험적 훈련을 추구하고 적용하는 것이 좋다. 우리가 권하고 싶은 연습이 많이 있는데, 그 중 마크 윌리엄스Mark Williams와 대니 펜맨Danny Penman이 쓴 『마음챙김Mindfulness』(2011)은 다양한 연습을 담고 있는 훌륭한 자료다. 다음 웹사이트에서 훈련 내용을 무료로 내려받을 수 있다(http://franticworld.com/free-meditations-from-mindfulness/).

위 훈련의 핵심은 다음과 같다.

- **호흡과 몸의 마음챙김**Mindfulness of breath and body – 이 연습에서 내담자는 시간을 가지고 몸, 특히 호흡과 관련된 움직임을 알아차린다. 이 감각은 내담자가 마음이 흐트러질 때 주의를 모으고 되돌아올 수 있는 현재 순간의 닻으로 작용한다. 더 짧은 버전인 '3분 호흡 공간Three Minute Breathing Space'은 이 연습의 단축형이다.
- **마음챙김 움직임**Mindful movement – 이 연습은 내담자가 할 수 있는 많은 신체 움직임과 스트레칭의 개요를 다룬다. 내담자가 다양한 움직임을 탐색하면서 그런 움직임의 감각을 닻으로 활용한다.
- **마음챙김 소리**Mindfulness of sound – 여기서 내담자는 소리를 듣기 위해 몸 밖으로 의식을 기울인다. 이는 방 안의 생활 소음일 수도 있고 치료자가 내는 소리(예: 음악 연주)일 수도 있다.

내담자를 유도할 때는 적절한 어조와 속도가 중요하다. 다시 말하지만 마음챙김을 할 때 어떤 목소리로 해야 하는지에 대한 정해진 규칙은 없으며, 개인적 취향에 따라 정하면 된다. 새로운 경험을 권하듯이 따스함과 격려를 전달하는 것이 도움이 된다. 속도는 내담자에게 개별적으로 맞춰서 조정해야 하지만, 대부분은 단어 사이사이에 호흡을 할 수 있을 정도로 느리게 말하는 것이 좋다.

치료자가 내담자를 인도하는 개인치료 회기에서는 대부분 좀 더 짧게 마음챙김을 맛보는 것부터 시작하는 것이 좋다. 일반적으로 오감 경험을 더 짧게 강조한다. 치료자는 오감 중 하나를 내담자가 현재 순간으로 돌아올 수 있는 닻으로 사용한다. 다른 모든 경험과 마찬가지로, 시작이 쉬우면 내담자가 경험을 쌓으며 점차 더 어려운 영역도 열린 마음으로 대할 수 있다. 따라서 호흡곤란을 걱정하는 내담자와 작업할 때는, 그 이유가 공황장애든 만성 폐쇄성 폐질환이든 상관없이 마음챙김 호흡은 좋은 출발점이 아닐 것이다. 그 부분은 나중에 탐색해도 된다.

연습 마지막의 질문은 치료자가 태피스트리tapestry를 만들어 가듯이 내담자와 경험의 실타래를 함께 짤 수 있는 장소다. 47장의 지침을 따라 머리, 손, 가슴의 세 영역을 사용하는 것이 시작하는 데 도움이 될 수 있다.

50

맥락으로서의 자기 기법
SELF-AS-CONTEXT TECHNIQUES

고통이 심할 때는 조망수용을 유연하게 유지하기 어려울 때가 많다. 이는 우리가 다른 사람의 관점을 취하느라 씨름하거나, 현재를 개념화된 미래의 렌즈로 바라보거나, 이전에 자신이 가졌던 관점을 취하지 못함을 의미한다. 따라서 내담자와 맥락으로서의 자기를 활용하는 작업을 할 때는 **지시적 유연성**deictic flexibility을 개발하는 데 초점을 맞추는 것이 가장 중요하다.

다른 모든 과정과 마찬가지로, 맥락으로서의 자기 역시 따로 떨어져 작동하지 않는다. 기본적으로 탈융합, 수용, 마음챙김 기술은 늘 유용한 역할을 하는데, 특히 내담자가 내용과 강하게 연결돼 있을 때는 더욱 그렇다(이는 도움이 안 되는 것처럼 보이는 자기이야기와 관계 맺는 데도 욕구기능이 있음을 의미한다). 혐오기능이 강할 때조차 이 관계를 느슨하게 하기 위한 작업은 불안을 유발할 수 있다.

첫 번째 단계는 내담자가 내적 경험을 별개의 것이자 다른 한편으로는 관찰자로서의 자기의 일부로 바라보는 데 도움이 되는 은유를 만드는 것이다. RFT에서는 이를 위계적 지시관계hierarchical deictic relation를 만든다고 표현한다. 바나나·사과·배가 모두 과일의 범주에 속하는 것처럼, 생각·느낌·기억 모두 '나'의 범주에 속한다. '하늘과 날씨' 같은 언어적 은유 연습(다음 장에서 설명함)이나 내적 경험을 나타내는 다양한 물건을 담고 있는 그릇 같은 물리적 은유는 이런 개념을 전달할 수 있는 유용한 방법이다. 우리는 은유를 통해 내담자가 관찰자로서의 관점과 관찰된 내용을 변별하는 작업(즉, 생각하는 사람과 생각의 구분)을 시작할 수 있게 한다. 우리는 또한 이를 통해 내담자가 자신의 내용, 내용과 맺고 있는 관계, 관계가 가치 있는 실천에 끼치는 영향을 관찰하고 이름을 붙일 수 있도록 돕는다.

두 번째 단계에서는 내담자가 지시적 유연성을 구축하도록 돕는다. 이는 '나-지금-여기'라는 새로운 관점을 갖도록 장려하는 것이다. 이는 모두 포함containment 관계를 강화하기 위한 것이다(예: '내가 나에 대해 말하는 이야기는 단지 나의 일부일 뿐이야.'). 내담자는 내용이 밀려왔다가 사라지는 것을 관찰하거나 내용이 행동을 결정하게 놔둔 대가를 깨달으면서, 내용이 행동에 끼치는 영향에 한계가 있음을 인식하기 시작한다.

마지막 단계에서 치료자는 내담자가 자신의 행동을 통제하는 요인으로 작용했던 내용을 선택하는 것 외에 다른 선택도 할 수 있음을 파악하도록 돕는다. 치료자는 내담자가 행동을 더 자유롭게 선택할 수 있는 맥락을 개발하고자 하는데, 대개 내담자는 가치기반 행동을 선택한다. 치료자는 내담자가 내적 내용에 따르는 행동과 가치에 기반한 행동을 변별하는 것을 돕는다.

51

'하늘과 날씨' 연습
THE 'SKY AND WEATHER' EXERCISE

ACT를 시행하는 초기에는 주의를 기울이기, 현재 순간에 존재하기, 알아차리기, 내적 경험을 관찰자 시각으로 바라보는 능력을 향상시키기가 핵심 과정이다. 자기와 관련된 생각을 알아차리는 능력이 향상된다는 것은 그런 생각을 더 멀리서 바라볼 수 있게 된다는 것이다. 이는 또한 자기에 대한 이야기와 자기를 더 잘 변별함을 뜻한다. 당신이 이 책을 읽고 있다고 해서 이 책과 똑같아지는 것은 아니다. 책은 여기 있고 당신은 거기서 내용을 파악하고 있다. 이는 자신이 어떤 생각을 알아차리더라도, 생각이 어떤 내용을 말하든 자신이 곧 생각이 **될 수** 없는 것과 같다.

ACT에는 관찰하는 자기의 관점을 육성하는 많은 기법이 있다. 대표적인 예로 러스 해리스Russ Harris가 많이 사용하는 '하늘과 날씨' 연습이 있다 (Harris, 2009). 이 연습은 불교도 작가인 페마 초드론Pema Chödrön(1997)의 아이디어를 활용한 것이다. 이 연습에서는 다음과 같이 말한다.* "당신은 하늘입니다. 그 밖의 모든 것은 날씨입니다." 이는 날씨와 관련된 하늘의 초월적 속성을 일컫는다. 하늘은 날씨를 담고 있는 것container이다. 하늘은 날씨가 생기는 맥락이며, 아무리 날씨가 험해져도 하늘이 손상되지는 않는다. 이 은유는 자기는 자기에 대한 생각의 맥락이며, 어떤 생각이나 경

---

* 비록 페마 초드론의 저작 어디에도 이 말이 없지만 이 말은 그녀가 한 것으로 널리 알려져 있다. 우리가 이 책을 쓰면서 문의했을 때, 페마 초드론 재단은 그녀 자신도 이 말이 어디에서 비롯됐는지 기억하지 못한다고 말했다.

험보다 더 큰 존재라는 개념을 전달한다.

 RFT 관점에서 보면 이 은유는 하늘이 날씨보다 더 크고 날씨를 담는 역할을 하고 있으므로, 하늘과 날씨 사이에 위계적 관계구성틀을 만든다. 여기서 "당신은 하늘입니다. 그 밖의 모든 것은 날씨입니다."라는 말은 각각 '하늘'과 '당신', '날씨'와 내담자의 생각·느낌 사이에 등위구성틀을 형성한다. 이는 '당신'이 당신 안에 있는 어떤 생각이나 느낌보다도 더 크며 '당신'이 그것들을 담고 있다는 생각을 고취한다. 이는 맥락으로서의 자기라는 개념을 훈련하고 힘든 생각과 느낌의 영향력을 감소시킬 수 있는 아주 효율적인 방법이다. 특히 초기에 내담자가 "전 쓸모없어요."라고 말하는 것처럼 자신을 괴로운 인지적 내용과 동등하게 취급하는 표현을 할 때 더 효과가 좋다.

 이 은유를 활발한 상호작용 연습의 기초로 활용할 수 있다. 내담자에게 회기에 오는 도중에 하늘을 본 적이 있는지 물어보는 것으로 시작할 수 있다. 만약 그렇다고 대답하면 하늘이 어떻게 보였는지 물어본다. 십중팔구 내담자는 날씨에 대한 얘기를 할 텐데, 이때 날씨가 얼마나 변화무쌍한지에 대한 논의에 내담자를 끌어들일 수 있다. 내담자에게 하늘과 날씨를 변별하면서 그 둘 사이에 차이가 있는 부분을 강조하도록 요청할 수도 있다. 일단 하늘과 그 안에서 나타나는 날씨 사이에 포함관계가 성립되면, 내담자가 자기 안에서 알아차리는 생각·느낌과 맺는 관계에 대한 논의로 넘어갈 수 있다.

52

조망수용
PERSPECTIVE TAKING

조망수용은 관점을 변화시켜 은유적으로 다르게 볼 수 있는 능력이다. 우리는 다른 사람의 관점을 취할 수 있다. 이는 문자 그대로 우리가 그들과 같은 곳에 있을 때 보게 될 것을 상상하는 것일 수도 있고, 은유적으로 그들의 관점에서 세상을 보는 것일 수도 있다. 또한 우리는 과거나 미래의 관점을 취하기 위해 시간을 넘나들기도 한다.

조망수용은 개념화된 자기·과거·미래와 관련한 유연성을 늘리는 방법으로 사용될 수 있다. 이런 개념화 자체는 문제가 아니지만, 그 내용을 문자 그대로의 사실로 여기며 반응하게 되면 문제가 될 수 있다. 대개는 우리가 위협감을 느껴서 확신이나 안전에 대한 욕구가 커지거나, 이러한 개념화에 반응하는 방법이 지나치게 반복된 나머지 정체성의 일부로 자리 잡을 때 문제가 된다. 경직성은 일관되거나 안전한 이야기를 제공해 주지만, 그만큼 우리의 개념화에 속하지 않는 잠재적으로 유용한 정보나 관점에는 훨씬 더 접근하기 어렵다.

조망수용을 활용하는 목적을 명심하라. 기능분석에서 하는 일 중 하나는, 내담자의 약점이 어디에 놓여 있고 그것이 가치 있는 실천을 어떻게 방해하는지 명료화하는 것이다. 예를 들어 내담자가 외상을 입은 어린 자기의 관점을 받아들이고자 애쓰면서 그 결과 현재의 외상적 단서를 이해하지 못한다면, 이러한 관점들이 연속선상에 있음을 알게 해 주는 것이 좋다. 반대로 내담자가 자기이야기 이외의 것을 못 보고 그 결과 타인에게 마음을 열지 못한다면, 다른 사람이 가지고 있는 대안적 관점을 부각하는 것이 유익할 수 있다.

물론 앞서 얘기한 대로 진정한 조망수용은 고통스럽고, 불안정하며, 일관성 없는 느낌을 증가시킬 수 있다는 점을 꼭 기억해야 한다. 따라서 이 작업은 고통스러운 감정과 생각을 다루는 다른 기술이 이미 확립된, 안전한 치료관계의 맥락에서 진행하는 것이 중요하다.

치료자가 '나-여기-지금'과 관련된 유연한 조망수용을 촉진할 수 있는 세 가지 주요 영역이 있는데, 이는 바로 대인관계, 시간, 공간이다.

대인관계

대인관계 조망수용은 내담자가 다른 사람의 관점을 취해 보도록 한다.

잠시 아들의 입장에서 바라볼 수 있다면, 아들이 집을 뛰쳐나가면서 당신에게 전하고 싶었던 것은 무엇이었을까요?

당신의 배우자가 당신과 똑같은 입장에서 당신과 똑같은 일을 겪고 있다면, 배우자에게 어떤 행동이나 말을 해 줄 것 같나요?

당신이 잠시 제 입장에서 본다면, 당신이 느끼는 고통에 대해 제가 뭐라고 말할 것 같나요?

공간

여기서는 내담자에게 공간 내에서 자신의 관점이나 바라보는 내용을 움직여 보라고 요청한다.

눈을 감고 불안이 몸 밖으로 튀어나와 30센티미터 앞의 허공을 맴돌고 있다고 상상해 보세요. 뭐가 보이나요?

만약 지금 우리가 평상시에 일어나는 일을 실천한다면 어떨까요? 방 한쪽 벽에는 '고통스러운 생각과 느낌'이 적힌 종이가 붙어 있고 다른 쪽 벽에는 '애들 돌보기'가 적힌 종이가 붙어 있습니다. 이제 당신이 앞으로 걸어가기 시작할 때, 둘 중 뭐가 당신을 끌어당기나요?

시간

치료자는 시간적 조망수용을 활용하여 내담자의 관점을 과거나 미래로 이동시킨다.

2주 전의 '당신'과 같은 입장에서 생각해 보세요. 2주 전 당신은 지금의 당신이 마음에 뭘 간직하기 바랐을까요?

2년 뒤 부모로서 당신은 지금 이 시간에 대해 뭐라고 말할 것 같나요? 지금의 당신에게 어떤 조언을 해 주고 싶나요?

때로는 이 세 가지를 모두 활용하는 것이 유용할 수 있다.

괜찮으시면 저기 반대편에 앉아 주세요. 이제 자신에게 비판적인 생각을 하던 10살 때 자신의 모습을 보고 있다고 상상해 보세요. 뭐가 보이나요? 당신의 자세를 통해 뭘 알 수 있죠? 당신이 어떻게 반응하고 있는지 알아차릴 수 있나요?

각각의 조망수용 방법은 단지 도구일 뿐이기 때문에, 다른 도구들과 마찬가지로 내담자의 이슈를 잘 이해하고 있어야 어떤 도구를 사용할지 정할 수 있다.

53

수용 기법
ACCEPTANCE TECHNIQUES

수용은 까다로운 단어로, 일상적 용법으로는 체념하거나 '참는' 것처럼 들릴 수 있다. 따라서 이 과정을 진행할 때는 효과를 낼 수 있도록 내담자도 함께 이해할 수 있게 하는 것이 중요하다. 이는 마치 함께 직소퍼즐을 맞추는 것처럼 느껴질 수 있다. 내담자는 앞에 놓인 첫 조각을 잘못 맞출 수도 있지만('아, 이건 내가 사용하던 또 다른 통제 전략이구나.'), 그러면서 점차 복잡하고 풍부한 전체 그림이 드러난다.

치료자는 수용 기법을 수동적 체념과는 완전히 다른 적극적 선택으로 설명해야 한다. 즉 수용은 항상 느낌이 아닌 행동이어야 한다. 또한 경험 회피 전략이 단기적으로만 효과가 있고 장기적으로는 그 대가를 치르게 만든다는 것을 강조하기 위해서는 수용 기법을 효용성과 연결해야 한다. '괴물과의 줄다리기'(54장)나 '차이니즈 핑거 트랩'(55장) 같은 신체 운동과 은유는 이러한 개념을 훌륭하게 전달해 준다.

내담자가 수용을 적용해야 할 때를 더 효과적으로 변별할 수 있도록 **깔끔한 고통**Clean Pain과 **지저분한 고통**Dirty Pain이라는 개념을 소개할 수도 있다. **깔끔한 고통**은 상실, 실망, 중요한 것을 지니는 평범한 사람으로 존재하는 데서 비롯되는 피할 수 없는 고통을 의미한다. **지저분한 고통**은 깔끔한 고통에 판단과 평가가 추가된 것이다. '이건 너무 지나쳐.', '난 감당할 수 없어.', '그건 내가 문제가 있다는/특이하다는/나쁘다는 뜻이야.' 같은 것이 그 예다. 이런 판단은 수치심, 죄책감, 분노, 슬픔으로 이어지면서 쌀

끔한 고통 위에 차곡차곡 쌓일 수 있다. 이를 종이 한 장에 그리고(깔끔한 고통이 지저분한 고통으로 둘러싸여 있는 모습) 그 한복판에 수용 기법을 적용한다는 것을 내담자에게 강조하며, 그것이 바로 잘 사는 삶의 입장료라고 설명할 수 있다.

수용 기법을 사용할 때는 내담자가 마음이 작동하는 것을 관찰하고 거기에 덜 얽매이는 데 도움이 되도록 탈융합 기법을 함께 활용하는 것이 중요하다. 고통스러운 느낌을 돌아보는 것은 대개 위에서 언급한 지저분한 고통으로 이어지는 생각을 불러일으킬 수 있다. 따라서 수용 작업을 할 때는 내담자가 마음이 작동하는 것을 알아차리는 동시에, 융합이 아닌 탈융합의 입장에서 선택할 수 있게 도와줘야 한다. 내담자가 마음을 알아차리고 정상화하는normalise 것만으로 충분할 때도 있다. 구조화된 연습(56장 참조)을 활용하는 것도 도움이 될 수 있다.

감정은 늘 내담자에게 중요한 것을 말해 주고 있는데, 감정에 맞서 싸우는 것을 유일한 방법으로 여길 때는 그런 메시지를 못 들을 수도 있다. 감정과 가치를 하나로 묶는 질문은 수용을 촉진하는 강력한 방법이 될 수 있다. RFT 용어로 말하면, 치료자는 감정과 가치 사이에서 반대구성틀을 줄이고 등위구성틀을 도입하려고 노력한다. 이를 위해 "지금 느끼는 슬픔은 삶에서 당신이 가장 중요시하는 것에 대해 뭐라고 말하고 있나요?"라고 물어볼 수 있다. '종이의 양면' 연습은 이런 아이디어를 더 시각적으로 표현하게 해 준다(58장 참조).

54

줄다리기 연습
THE 'TUG OF WAR' EXERCISE

줄다리기 연습은 내담자와 함께 행동으로 체험할 수 있는 은유다. 이 은유는 생각이나 느낌과 씨름하는 것이 어떻게 예기치 않은 결과(역설적으로 이를 더 증가시킴, 삶에서 대가를 치르게 됨)를 불러오는지 강조한다. 이를 통해 수용이 가치 있는 실천을 촉진할 수 있는 실행 가능한 대안임을 알게 된다. 이 연습을 위해 치료자는 실제로 줄다리기에 필요한 밧줄을 준비해야 한다.

치료자 — 잠시 당신이 씨름하고 있는 상황을 아주 강한 괴물과 줄다리기하는 거라고 상상해 보세요. 좀 더 박진감 있게 이걸 죽음의 줄다리기라고 해 보죠! (만약 '죽음'이라는 말이 부적절하게 기능할 것 같으면 다른 말로 바꾼다.) 당신과 괴물 사이에는 끝이 보이지 않는 낭떠러지가 있습니다. 여기서 저는 당신이 갖고 있는 온갖 걱정, 두려움, 원치 않는 생각들로 이루어진 괴물을 맡을 겁니다. (내담자에 따라 구체적인 내용을 추가한다.)

[치료자는 내담자와 함께 각각의 내용을 점착 메모지에 쓴 뒤 자기 몸에 붙인다.]

치료자 — 이제 저는 당신의 걱정/슬픔/분노로 이뤄진 괴물이고, 여기

앞에서 밧줄을 잡고 당신과 줄다리기를 할 겁니다.

[치료자는 내담자에게 밧줄의 반대편 끝을 건네준다.]

치료자 ― 이 상황에서 당신이 자연스레 자동적으로 하는 행동은 뭘까요?
내담자 ― 밧줄을 잡는 거요!
치료자 ― 맞습니다, 그럼 시작하죠.

[내담자가 밧줄을 당기자 치료자 역시 똑같이 당긴다.]

치료자 ― 지금은 뭘 알 수 있나요?
내담자 ― 제가 밧줄을 당길 때마다 선생님도 같이 잡아당긴다는 거요.
치료자 ― 네 바로 그겁니다. 우리는 딱히 얻는 것도 없이 계속 이러고 있을 수 있어요. 다른 대안은 뭘까요?
내담자 ― 더 세게 잡아당길 수 있을 것 같아요.
치료자 ― 좋습니다, 한번 해 보죠. 하지만 괴물도 만만치 않게 세다는 것을 잊지 마세요.

[내담자가 더 세게 잡아당기고 치료자도 똑같이 힘을 맞춘다.]

치료자 ― 더 세게 잡아당기니까 어떤가요?
내담자 ― 지쳐요…
치료자 ― 저도 그렇게 생각합니다. 또 다른 대안이 있을까요?
내담자 ― 밧줄을 놓으면 될 것 같아요. [줄다리기에서 줄을 놓는 것은 반직관적이기 때문에 내담자 혼자서는 이런 생각을 하기 힘들다. 필요하다면 치료자가 내담자가 이런 생각을 할 수 있도록 적절히 이끌어 준다.]

치료자 ― 좋아요, 한번 해 보죠. 당신이 잊고 싶은 모든 것을 나타내는 제가 계속 여기에 있다는 걸 염두에 두세요. 밧줄을 놓는 건 어떤 느낌인가요?

내담자 ― 음, 선생님과 싸우지 않는 거요.

치료자 ― 맞습니다. 이제 당신이 더 자유롭게 움직일 수 있는 것을 알아차려 보세요. 당신은 괴물 말고 더 중요한 것에 관심을 쏟을 수 있습니다.

[치료자는 대화를 하면서 내담자가 밧줄을 다시 잡을 때까지 몇 번 획 당긴다. 그러면서 다시 줄다리기를 시작한다.]

치료자 ― 어, 다시 시작됐네요. 이야!

내담자 ― 이런, 이럴 줄은 몰랐어요.

치료자 ― 네. 제가 밧줄을 다시 잡으라고 말씀드린 적은 없었죠. 이 싸움은 정말 쉽게 다시 시작될 수 있어요. 정리하면 이렇습니다. 첫째, 게임에 참여하는 건 전적으로 이해할 만합니다. 워낙 괴물이 게임을 좋아하고, 최소한 단기적으로는 게임에 참여하면 뭔가를 한다는 느낌도 드니까요. 하지만 장기적으로는 시간 낭비에 헛심만 쓰는 거죠. 그 대안으로 밧줄을 놓는 방법이 있다는 걸 항상 알고 계세요. 둘 중에 당신이 원하는 것을 선택할 여지가 더 큰 게 뭘까요? 당신이 밧줄을 드는 순간에 주의를 더 기울이는 것부터 시작하는 게 제일 좋을 거예요.

55

'차이니즈 핑거 트랩' 연습
THE 'CHINESE FINGER TRAPS' EXERCISE

'차이니즈 핑거 트랩(혹은 수갑cuffs)'은 원래 애들용 장난감이었는데, 어쩌다 보니 수용에 대한 환상적인 은유가 됐다. 이 장난감은 대나무나 나일론으로 만들어진 대롱 모양으로, 손가락을 구멍 안으로 넣은 뒤 빼려고 할 때 더 단단히 조여지게 된다. 대개 온라인에서 살 수 있다. 이 은유는 수용을 바라보고 느낄 수 있는 물리적 구조를 제공할 때 사용한다. 이는 직접 경험을 활용하기 때문에 구체적이고 생생하게 그 목적을 수행할 수 있고, 이를 통해 불안의 파생 기능 일부를 약화시킨다.

은유를 소개하는 대화를 보자.

치료자 — 여기 저한테 차이니즈 핑거 트랩이라는 게 있습니다. 전에 보신 적이 있나요?

내담자 — 아니요, 뭔데요?

치료자 — 일종의 장난감인데요 이걸 가지고 당신이 불안과 관계 맺는 방식이 얼마나 중요한지 알려드리고 싶어서요.

내담자 — 네, 말씀해 주세요.

치료자 — 저처럼 양쪽 검지손가락을 여기 양쪽으로 넣으세요. 이게 당신이 불안을 느끼는 방식과 똑같다고 생각하시고요. 불안이 간혹 그럴 텐데요, 트랩이 손가락을 조일 때 자동적으로 어떤 충동이 드나요?

내담자 — 손가락을 빼는 거요. (내담자는 손가락을 빼려고 한다.) 아 그런데 손가락이 안 빠져요!

치료자 — 손가락이 낀 것을 알아차리면 마음이 당황하기 시작하는데요, 대개 이럴 때 사람들이 보이는 지극히 당연하고 합리적인 반응은 뭘까요?

내담자 — 더 세게 잡아당기는 거요!

치료자 — 맞습니다, 다들 그럴 거예요. 당신도 그렇게 하고 있지만, 의도와 달리 손가락이 점점 더 조여지는 걸 느낄 거예요. 그저 남들 다 하는 것처럼 했을 뿐인데요.

내담자 — 네, 알 것 같아요. 제가 불안할 때 벌어지는 일들과 많이 비슷하네요.

치료자 — 자 그럼 대안을 생각해 볼까요? 언뜻 떠오르는 것과 반대일 수도 있습니다.

내담자 — 음, 손가락을 더 넣어 볼 수 있을 것 같아요. (내담자는 손가락을 트랩 속으로 더 넣는다.) 와, 신기하네요. 트랩이 느슨해졌어요.

치료자 — 네, 발상의 전환을 했을 때 무슨 일이 생기는지 보세요. 움직일 수 있는 여지와 공간이 갑자기 생기게 되죠. 트랩은 계속 손가락과 닿아 있지만 느낌은 많이 다를 거예요.

내담자 — 네, 무슨 말씀인지 알겠어요.

치료자 — 훌륭합니다. 그래서 제가 말씀드리는 건 별생각 없이 마음이 말하는 대로만 따르지 않고 효과적으로 대응할 수 있도록, 불안과 함께하는 방법을 찾아야 한다는 겁니다. 주의를 잘 기울임으로써 진행을 늦추고, 뭐가 불안한지 알고, 다음에 할 행동을 더 잘 준비할 수 있습니다.

내담자 — 네, 진짜 흥미롭네요. 이런 식으로 생각해 본 건 처음이에요.

그럼 이제 뭘 하면 되죠?

내담자는 위에서 했던 마지막 말을 흔히 하는데, 이는 호기심을 갖기 시작했음을 보여 준다. 다음에 할 일에 대한 질문은 신중히 다뤄야 한다. 이것이 은유에서 얻은 아이디어를 현실에서 어떻게 적용할지에 대한 진정한 관심을 보여 주는 경우에는 도움이 된다. 하지만 다른 한편으로는 불안을 없애기 위해 이 아이디어를 어떻게 사용할 수 있을지 고민하는 문제해결 마음일 수도 있다!

56

탈융합 기법
DEFUSION TECHNIQUES

다른 기법들처럼 탈융합 또한 내담자와 내담자의 주요 이슈에 대한 명확한 공식에 들어맞을 때 최선의 결과를 낼 수 있다. 치료자는 특정한 생각과 신념에서 비롯되는 기능을 이해하는 작업을 진행한다. 이는 생각이 가치의 맥락에서 작동할 수 없게 만드는 혐오기능을 지니고 있는 한편, 위안, 안전, 일관성 등을 제공해 주는 욕구기능도 지니고 있음을 드러내고, 내담자와 치료자가 이를 함께 이해하고 있음을 의미한다. 이러한 바탕 위에서 치료자가 탈융합 작업을 시작할 때, 내담자는 치료자가 자신을 최대한 잘 이해한 상태에서 어느 한계 이상으로 떠밀지 않을 것이라고 확신하게 된다. 치료자가 내담자와 공식을 확실히 공유하지 않은 상태에서 탈융합 기법을 진행하면, 내담자가 자신의 생각과 맺고 있는 관계의 복합성을 놓침으로써 내담자의 경험을 불인정할invalidating 수 있다.

탈융합 기법이 잘 적용될 수 있도록 상황을 설정하는 데는 몇 가지 단계가 필요하다. 일단 생각의 자동성automaticity(18장 참조)에서 시작하는 것이 유용할 때가 많다. 이를 통해 내담자는 자신이 실제로 생각을 통제하는 정도를 변별할 수 있다. 우리는 대개 자신의 통제력을 지나치게 과대평가하면서도, 정작 의식에 떠오르는 자동적 생각(걱정, 반추 등)과 그 반응으로 나타나는 사고과정을 변별하지 못한다. '흰곰이나 분홍색 코끼리를 생각하지 않는' 실험은 이를 보여 주는 좋은 방법이다.

치료자는 인간의 마음의 기원에 대한 좀 더 폭넓은 신화론적 맥락에서,

걱정과 반추에 빠지기 쉬웠던 인류의 조상이 지나치게 그쪽으로 치우쳐서 언어 능력을 발전시켜 왔다고 설명할 수 있다. 즉 부정적 마음은 역기능적 마음이 아니라, 그저 환경에 최적화된 방식으로 진화한 결과인 것이다. 이러한 관점은 생각의 내용보다는 생각과의 관계가 핵심 이슈임을 강조한다.

우리 사회는 목표와 성과를 강조하는 경향이 있기 때문에, 우리는 자연스레 생각의 진실성에 초점을 맞추게 된다(31장 참조). 하지만 탈융합 작업에서는 진실성보다는 효용성을 중시한다. 왜냐하면 흔히 융합을 뒷받침하는 것은 진실이 아니라 일관성이나 안전성 같은 다른 기능이기 때문이다. 이는 유용성을 평가하는 데 가치 맥락이 필요함을 의미한다. ACT에서는 "당신의 생각은 진실인가요?"가 아니라, "그런 생각에 사로잡히는 것은 당신이 중요한 것을 향해 다가가는 데 어떤 도움이 되나요?"라고 물어본다. 따라서 탈융합 기법을 성공적으로 적용하려면 어느 정도의 가치 작업이 필요하다.

마지막으로, 대부분의 경우 생각과의 융합이 강하게 이루어진 상황을 이해하는 것이 매우 중요하다. 내담자의 삶에서 초기 발달 경험이나 변화의 시점, 외상을 탐색하는 것이 흔히 여기에 속한다. 이는 내담자와 치료자 모두 특정한 생각이 왜 그렇게 자신을 끌어당기는지 이해하는 데 도움이 된다. 우리는 종종 낚시의 은유를 사용한다. 어떤 물고기는 특정한 낚싯대에만 걸린다. 우리는 특정한 미끼를 왜 그렇게 거부할 수 없는지 이유를 알아야 한다. 우리 역시 생각과 관계하는 방식에 있어서 정확히 똑같이 하고 있다.

57

'나는 … 라는 생각을 하고 있다.'
'I'M HAVING THE THOUGHT THAT...'

'나는 … 라는 생각을 하고 있다.' 기법은 탈융합을 경험하고 생각에 대한 유연한 대응을 촉진하는 데 도움이 된다. 이 연습에서 치료자는 화이트보드나 종이에 도움이 안 되는 다양한 생각들을 적는다. 처음 연습을 시연할 때는 내담자가 씨름하는 가장 고통스럽거나 힘든 생각은 피하고, 대부분의 사람들이 힘들어 할 만한 예를 든다. 다음을 보라.

- 모든 게 다 엉망진창이 될 거야.
- 정말 어리석은 실수를 저질렀어.
- 난 바보야.
- 사람들은 날 싫어해.

내담자가 내용을 진실로 느낄 수 있도록 위의 목록을 엄숙하거나 진지하거나 우렁차게 여러 번 읽게 한다. 내담자가 그런 생각과 가장 잘 융합될 수 있게 말하는 방식을 조절하게 한다.

그리고 나서 내담자에게 다시 위의 목록들을 읽어 보게 하는데, 이번에는 화이트보드나 종이에 적힌 위의 말들에다 '나는 … 라는 생각을 하고 있다.'는 내용을 추가한다. 예를 들면 '나는 모든 게 끔찍할 정도로 잘못될 거라는 생각을 하고 있다.'처럼 말이다.

그리고 각 문장의 맨 마지막에 '… 라는 것을 안다.'라는 내용을 덧붙인다. 앞의 예에서는 '나는 모든 게 끔찍할 정도로 잘못될 거라는 생각을 하고 있다는 것을 안다.'가 된다. 그러고 나서 다시 내담자가 각 문장을 조용히 여러 차례 반복해서 읽도록 한다.

연습을 반복할 때마다 내담자가 무엇을 느끼고 관찰했는지 물어본다. 각 생각에 여러 개의 언어적 맥락을 덧붙여서 새로운 기능이 나타나게 할 수 있다. 내담자들은 흔히 거리감·호기심·선택과 관련된 기능은 부각되고, 절박함·위협감·중요성과 관련된 기능은 약화된다는 보고를 가장 많이 한다.

내담자에게 자신과 생각 사이에 생겨난 널찍한 은유적 공간에 주목해 보도록 하면서, 자신에게 선택권이 있다는 느낌이 저절로 커지게 됨을 강조한다. 내담자가 이 연습이 도움이 된다고 여기고 앞서 설명한 탈융합의 경지를 경험하고 나면, 내담자가 특히 얽매이기 쉬운 생각을 가지고 시도해 보는 것도 좋다. 이 연습을 할 때는 다른 연습과 마찬가지로 내담자의 생각을 존중해야 한다. 또한 연습의 의도는 생각을 어리석게 여기는 것이 아니라 더 유용한 대안적 관점을 찾는 것임을 명확히 해야 한다. 마지막으로, 이 연습을 치료 밖에서 어떻게 응용할지에 대해 내담자와 함께 아이디어를 나누는 것이 도움이 된다. 흔히 그 일환으로 어떤 상황에서 이 기술을 적용하는 것이 좋을지, 내담자가 스스로 상기할 수 있는 방법(스마트폰 리마인더나 플래시카드 활용)에는 뭐가 있을지에 대해 생각해 본다.

58

체화 연습
PHYSICALISING EXERCISES

'체화Physicalizing'는 내적 과정에 물리적 속성을 부여하는 기법을 말한다. 생각을 종이에 적는 것처럼 내적 과정을 외부로 끌어내는 방법도 있고, 마치 생각이 물리적 속성을 지닌 것처럼 설명하는 방법도 있다. 체화 기법의 대부분은 탈융합과 수용 과정에 적용되지만, 창의적인 치료자는 어떤 ACT 개념도 체화하는 방법을 찾을 수 있다. 체화의 좋은 예로 '버스 안의 승객들', '인생경로 단계Lifeline Steps'(68-69장), '차이니즈 핑거 트랩'(55장) 같은 물리적 은유가 있다.

점착 메모지는 ACT 치료자의 가장 친한 친구 중 하나로서, 다양한 연습에서 매우 다양하게 활용된다. 유용한 예로 '종이의 양면' 연습이 있다. 이 연습은 내담자가 점착 메모지의 한 면에 힘든 생각(과 관련된 감정도 포함 가능)을 적는 것으로 시작한다. "고통 속에서 가치를 발견하고, 가치 속에서 고통을 발견한다."라는 ACT 격언을 체화하는 하나의 방법으로, 내담자에게 메모지를 뒤집어서 고통이 존재하는 이유를 설명하는 가치를 적도록 한다. ACT 치료자로서 우리는 훈련 워크숍 전에 어느 정도의 불안을 경험하는 것이 일상이다. 이를 점착 메모지에 '만약 아무한테도 도움이 안 되면 어쩌지?'라는 생각과 '불안'이라는 감정으로 요약해 적어 볼 수 있다. 한편 우리는 피훈련자를 중요시해서 그들에게 아무런 도움이 안 될까 봐 걱정하는 것이므로, 뒷편에 '교육'이라는 가치를 적을 수 있다.

이렇게 적는 것은 고통과 가치 부여를 등위직으로 설정함으로써, 둘 사이의 관계를 명료화한다. 불안은 내담자가 정말 중요하게 여기는 것이 있다는 신호다. 일단 내담자가 고통을 피하는 것이 자신이 중요시하는 가치로부터 멀어지게 한다는 것을 배우고 나면, 피하려는 욕구가 줄어들게 된다. 또한 종이의 양면은 서로 뗄 수 없기 때문에, 아무리 고통 없이 가치만 추구하고 싶은 마음이 들더라도 가치와 고통은 절대 떨어질 수 없음을 보여 주기도 한다.

종이의 양면을 통해 가치와 고통의 등위성을 확립하고 나면 다른 방향으로 체화를 진행할 수 있다. 경험회피를 모델링하기 위해 적당한 거리에 힘든 생각을 적은 종이를 놓고, 내담자에게 그것을 밀어내면서 느껴지는 것을 관찰해 보라고 할 수 있다. 또는 융합을 모델링하기 위해 내담자에게 눈 앞에 종이를 들고 있는 것이 생각이나 느낌에 어떤 영향을 끼치는지 알아차리게 할 수 있다. 이 연습의 흥미로운 확장판으로, 내담자 앞에 휴지통을 놓고 내담자가 종이를 찢어서 휴지통에 버림으로써 은유적으로 고통을 끝내는 것이 있다. 내담자가 고통을 포기할 때 치러야 할 유일한 대가는 종이의 다른 쪽에 적혀 있는 가치도 함께 잃게 된다는 것이다. 치료자는 내담자에게 그러고 싶은지 물어본 뒤 내담자가 그렇게 결정한 이유를 탐색할 수 있다. 이 연습은 흔히 고통을 더 많이 수용하도록 촉진하지만, 일부 내담자는 자신이 특정한 가치를 맹목적으로 추종할 수도 있음을 깨닫는다. 예를 들어 구직 면접이 자기계발 및 전문성 증진에 진정 도움이 된다면 면접 불안을 더 잘 수용하게 될 것이다. 하지만 그 직장이 면접을 보는 데에서 비롯되는 불안과 불확실성을 감수할 만한 가치가 없다고 판단할 수도 있다. 앞서 설명한 바와 같이 ACT는 끈질기게 가치를 추구하기보다는 유연하고 기능적인 선택을 지향한다.

59

가치 기법
VALUES TECHNIQUES

가치 작업의 장점은, 내담자가 삶에 활력, 목적, 의미를 부여하는 새롭고 창의적인 방식으로 참여하면서 온갖 감정들을 드러낼 수 있다는 것이다. 이는 마치 롤러코스터를 타는 것처럼 짜릿하고 무서울 수 있다. 삶에서 가장 중요한 것에 대한 질문은 상처, 상실, 취약성의 문을 열 가능성이 높다. 그렇기 때문에 좋은 가치 작업은 어느 정도 불편한 감정과 함께함을 인식해야 한다. 내담자가 상당한 수준으로 갇혀 있었던 상황이라면 마음챙김, 수용, 탈융합 기술을 먼저 쌓는 것이 중요할 것이다.

이 때문에 기술을 개발하는 순서가 중요하다. 내담자가 그리 심하게 갇혀 있지 않았다면 보통 첫 회기부터 바로 가치를 물어본다. 상당히 심하게 갇혀 있었거나 자기감에 큰 문제가 있을 때는, 내담자가 중요한 사람과 대상에 대한 질문에 합당하게 대답할 수 있는 기술을 갖춘 치료 후반부에 구체적인 가치를 물어보는 편이 낫다. 다만 이런 경우에도 실천의 효용성을 평가할 수 있도록 전반적인 가치를 파악하는 것은 도움이 된다. 구체적인 가치와 실천을 물어보는 것은 나중에 해도 됨을 염두에 두고, 웰빙을 위한 실천을 하거나 생각과 느낌에 더 기능적으로 반응하는 법을 선택할 수 있는 능력을 개발할 수도 있다.

나침반 은유는 현장에서 바로 가치 부여 활동을 하게 만드는 유용한 방법이다. 가치와 연결되는 것은 지금 여기에서 어느 방향으로 얼마나 어떻게 가야 하는지 알려준다는 면에서 나침반을 사용하는 것과 같다. 나침반 역시 가치와 마찬가지로 목적지 대신 방향만 알려준다. 서쪽을 향해 가더라도 아마 서쪽 끝에 이르지는 못할 것이다. 나침반 역시 가치와 마찬가지로 장애물을 헤쳐 나가는 데 도움이 된다. 따라서 서쪽을 향해 가더라도 장애물을 우회하기 위해 잠깐 북쪽이나 동쪽으로 갈 수도 있다. 이는 모두 궁극적으로 서쪽으로 가기 위함이다. 나침반은 그 순간에 가능한 행동을 구체적으로 제시해 준다. 이런 행동들은 멀리 있거나 미래에 있는 것이 아니다. 특정한 방향으로 가다가 늪처럼 위험한 지역에 이를 수도 있다. 늪은 힘겹고 많은 에너지를 소모해야 하는 곳인데, 이때 나침반은 당신이 늪을 헤쳐 나가야 하는 이유와 목적을 상기시킨다.

이 마지막 부분은 가치와 고통의 긴밀하면서도 태생적인 관계를 말해준다. 가치 작업에서는 내담자와 함께 개념을 파악하는 것이 매우 중요하다. 예를 들어 취약성이 애정을 나눌 가치가 있는 누군가를 깊이 사랑하는 것과 연결된다면, 취약성은 꼭 없어져야 할 것에서 실질적 가치가 있는 행동의 징후로 변형될 것이다.

60

'최고의 순간 10가지' 연습
THE 'TOP TEN MOMENTS' EXERCISE

'최고의 순간 10가지' 연습은 과거를 생각하며 가치와 가치 있는 실천을 끄집어내는 방법으로, 핵심 가치를 식별하고 우선순위를 정하는 데 유용하다. 전반적 구조는 내담자가 중요한 것을 여러 가지 열거하게 한 뒤 가장 중요한 순서대로 정렬하게 하는 것이다.

여기서 내담자가 회상에 잠길 가능성이 높기 때문에 첫 번째 회기에서는 잘 사용하지 않는다. 미리 개방성과 알아차림 기술을 어느 정도 익혀 놓는 것이 좋다. 연습을 시작하기 전에, 내담자가 낚일 수 있는 생각과 느낌을 알아차릴 수 있도록 마음챙김을 상기시킨다. 내담자에게는 다음과 같이 지시한다.

이제 잠시 당신이 삶에서 가치를 실천했던 10가지 순간을 적어 보세요. 일생일대의 성취를 이루거나 역경을 극복하는 것처럼 거대한 것일 수도 있고, 조용하고 소중한 순간일 수도 있습니다. 가슴 아프거나 매우 힘든 감정이 함께 느껴졌던 달콤쓸쓸한 순간일 수도 있고요.

자세한 내용은 제게 안 알려주셔도 됩니다. 가급적이면 정답이나 '올바른' 대답을 해야 한다는 마음은 접으세요. 그냥 지금 마음 가는 대로 하세요. 이 연습은 당신에게 중요한 것을 모조리 정하기 위한 것이 아닙니다. 그저 지금 마음에 떠오르는 것을 있는 그대로 반영한다고 보시면 됩니다.

(내담자가 목록을 다 작성하고 나면, 이것을 가지고 회기간between-session 과제를 수행한

다.) 좋습니다. 그럼 이제 재난이 닥쳤다고 상상해 보세요. 사고나 병에 걸리거나, 혹은 우주에서 유성이 날아와 충돌할 수도 있겠죠. 어떤 일이 생기든 당신은 더 이상 이 목록 중에서 4가지에 대한 기억을 떠올리지 못하게 됩니다. 당신에게서 영원히 사라지는 거죠. 펜을 잡고 그 4가지 항목을 그어서 지우세요. 혹시 줄을 긋는 게 싫으면 남기고 싶은 6가지 항목 옆에 별표를 해도 됩니다.

여기에는 정답이나 오답이 없다는 것을 기억하세요. 어떤 생각과 느낌이 드는지에 대해 주의를 기울이시고요.

이제 당신은 또 다른 재난을 겪었습니다! 이번에는 3가지 항목을 더 지워야 합니다. 그럼 목록에는 3가지 항목밖에 안 남게 되겠죠. 남겨 놓을 항목들을 정한 뒤에, 다른 항목을 지우는 과정과 이 과정에서 나타난 감정, 그리고 남겨진 3가지 항목이 어떤 면에서 당신에게 중요한지에 대해 잠시 생각해 보세요. 당신이 지난 몇 주 동안 이런 가치를 지키기 위해 어떤 행동을 했는지 생각해 보세요. 끝으로, 만약 당신이 지금부터 다음 회기 전까지 이 항목을 위한 특별한 행동을 해야 한다면, 뭘 할 수 있을까요?

이 연습에서 말하고자 하는 것은, 가치 있는 삶이 한줌밖에 안 되는 목록에 불과하고 그런 사실을 인정해야 한다는 것은 당연히 아니다. 이 연습은 상실의 관점을 활용해서, 진정한 목적이 있는 삶의 영역을 밝혀 내기 위한 것이다. 이 연습에서는 중요한 것이 여러 개 존재한다는 것도 강조하기 때문에, 가치 있는 행동 중에서도 우선순위를 정해서 선택해야 한다는 내용도 다룰 수 있다. 여기에 대해서는 88장(목표보다 가치)에서 더 자세히 살펴본다.

61

대안적 '기적질문'
AN ALTERNATIVE 'MIRACLE QUESTION'

가치는 끄집어내기 어려울 수 있고, 가치에 대한 질문에 종종 "모르겠어요."라는 대답이 돌아올 때도 많다. 내담자는 때때로 진솔한 감정을 드러내면서도 자신에게 진정 중요한 것이 무엇인지 전혀 모를 때도 있다. 어쩌면 삶에서 자신의 가치를 적합하게 설명할 정도로 충분한 경험을 쌓지 못했을 수도 있다. "모르겠어요."라고 대답하는 더 흔한 이유는 내담자가 행동을 취하는 데 마음속 장애물이 있기 때문이다. 이 장애물에는 가치에 대해 말하는 것도 포함될 수 있다. 이런 경우에는 기적질문miracle questions을 창의적으로 활용함으로써 가치 작업에서 나타나는 내부 장애물을 우회할 수 있다. 해결중심치료Solution Focused Therapy에서 흔히 사용되는 기적질문의 표준 버전에서는, 내담자에게 자신의 문제를 없앨 수 있는 기적을 생각해 보라고 요청한다. 기적은 내담자 모르게 밤 사이에 일어나고, 내담자에게 무엇을 보고 기적이 일어난 것을 알 수 있을지 생각해 보게 한다. 다음은 가치를 이끌어 내기 위해 우리가 즐겨 사용하는 몇 가지 대안적 기적질문들이다.

기적이 일어나서 당신이 무엇을 하든 사람들이 전부 다 받아 준다고 생각해 보죠. 당신은 암 치료법을 개발할 수도 있고, 고양이를 쓰레기통에 던져 버려도 아무런 문제가 안 돼요. 당신이 뭘 하든 사람들은 전부 친절히 받아줄 겁니다. 당신은 뭘 하고 있을 것 같나요?

당신이 오늘밤에 자는 동안 큰 번개가 머리에 꽂혀서 기적이 일어났다고 생각해 보세요. 다음날 당신이 일어나면 더 이상 불안/우울/걱정 때문에 힘들지 않을 거예요. 그것들은 발톱과 송곳니가 제거된 괴물에 불과해요. 이제 당신을 막을 수 있는 건 아무것도 없습니다. 당신이 원하는 건 무엇이든 할 수 있어요. 당신은 뭘 하고 있을까요?

마침내 좀비 세상이 찾아왔습니다. 인류는 무릎을 꿇었고 당신만 유일하게 살아남았습니다. 당신은 생존에 필요한 필수 요소들을 잘 챙겼습니다. 안전한 쉼터를 확보했고, 몇 년 동안 먹을 수 있는 콩 통조림도 발견했고, 좀비들의 위협에 대처할 수 있는 방법도 알아냈어요. 이제 지구상에서 당신의 행동을 판단하거나, 비판하거나, 제지할 수 있는 사람은 아무도 없어요. 당신은 의미 있는 삶을 위해 뭘 할 건가요?

이 질문의 목적은 가치와 가치 있는 행동을 바라보는 새로운 관점을 개발하는 것이다. 즉 내부 장애물이 가치 있는 행동을 하는 데 도움은 안 되지만, 그렇다고 가치 있는 행동을 방해하지도 않는다고 보는 것이다. 위의 질문들을 한 뒤에는 가치 있는 행동과 관련된 내용을 좀 더 자세히 살펴보는 것이 도움이 된다. 이때 다음과 같은 질문을 활용한다.

- 무엇을 새로 할 건가요?
- 무엇을 더 하거나 덜 할 건가요?
- 다른 사람들을 어떻게 대할 건가요?
- 자신을 어떻게 대할 건가요?
- 만약 당신이 행동을 취한다면, 무엇을 위한 공간을 확보해야 할까요? 당신이 내려놓아야 할 것은 무엇일까요?

- 만약 당신이 지금 행동을 취한다면, 그것이 당신의 과거에 대해 말해 주는 것은 뭘까요? 미래에 대해서는 뭐라고 말할까요?

62

전념행동 기법
COMMITTED ACTION TECHNIQUES

전념행동 기법은 실제 현실에서 활용하기 위한 것이다. 가치 있는 목표를 향해 전념행동을 할 수 있는 기회를 확보하는 것은, 마음챙김, 수용, 탈융합의 모든 기술에 대한 실전 테스트를 진행하는 것과 같다. 진정한 전념행동을 위해서는 실제로 나아갈 방향을 제시할 수 있는 명확한 가치가 필요하다. 이와 동시에 내담자가 원치 않는 느낌과 생각, 실패, 쓸모없는 자기이야기에 변화를 일으키기 시작하면서 자연스레 나타나는 내부 장애물에 대처하기 위한 또 다른 ACT 과정이 시작된다.

전념행동 기법을 활용하는 데는 몇 가지 핵심 단계가 있다. 다른 것들보다 우선하는 것(예: 가치기반 목표를 설정하기 전에 먼저 가치를 명료화하기)도 있겠지만, 이 단계들이 꼭 순서대로 진행될 필요는 없음을 명심하라.

첫 번째 단계는 가치기반 목표를 설정하고 실천하는 것이다. 흔히 이를 위해서는 가치 작업과 더불어 SMART(구체적Specific, 의미 있는Meaningful, 적응적Adaptive, 현실적Realistic, 한시적Time framed) 목표를 설정해야 한다. 예를 들어 부모인 내담자가 사회불안증으로 힘들어하는 경우 '지지적 부모 되기'를 가치로 표명할 수 있다. 그 목표로 딸을 1주일에 한 번씩 스포츠 경기에 데려갈 수 있다. 구체적 방법으로는 지역 축구팀에 전화해서 딸을 회원으로 등록하는 방법에 대한 세부사항을 알아볼 수 있다.

두 번째 단계는 온라인으로 심리적 유연성 기술을 익히는 것이다. 내담자가 진정으로 안전지대로부터 벗어나면, 행동을 방해할 수 있는 내부 장애물과 그에 대한 습관적 반응이 나타날 것이다(예: 경험회피와 융합). 이는 내담자가 행동을 개시할 때 나타날 수 있는 장애물을 처리하기 위한 마음챙김, 수용, 탈융합 기술을 연습하는 것이 중요함을 의미한다. 전념행동을 할 때는 내담자가 자신의 행동과 그것을 가치와 연결하는 이유를 되새기는 것이 매우 중요하다. 위의 예에서 내담자가 축구팀에 연락하러 가면 사회불안 증상이 치솟을 텐데, 이때 이 행동이 '지지적 부모 되기'를 실천하는 것임을 쉽게 되새기는 것만으로도 행동을 계속하는 데 도움이 된다.

마지막 단계는 내담자가 실제로 전념행동을 할 수 있는 기회를 만드는 것이다. 이를 위해 주간 회기 밖 활동을 설정할 수 있다. 일찌감치 강화제와 접촉해서 동기를 부여하기 위해서는, 단계들을 잘게 나눠서 쉽게 달성할 수 있는 것부터 시작하는 것이 좋다. 가치나 실천에 대해 말하는 것만으로도 그와 관련된 온갖 생각과 느낌이 전면에 등장해 안전지대를 벗어나는 효과가 생길 수 있는데, 바로 이때가 전념행동을 실천할 기회임을 아는 것이 중요하다. 치료자는 내담자에게 중요한 가치를 향해 움직이기 위해 기꺼이 주의를 기울여 현재에 충실할 의향이 있는지 물어볼 수 있다. 이런 식의 접근을 통해 전념행동은 미지의 영역으로 실제 발걸음을 내딛는 것이면서, 동시에 이 발걸음을 수의를 기울이고 수용적이고 탈융합적 방식으로 내딛도록 연습하는 기회가 될 수 있다. 이는 곧 전념행동에서 가장 중요한 것은 결과보다 과정이기 때문에 실패할 일은 없음을 의미한다.

끝으로, 내담자는 스스로에게 친절하고 자비로운 방식으로 전념행동에 임하는 것이 좋다. (안전확보 정신에 따라) 도움을 주려는 어떤 마음도 자연스럽게 행동을 비판하거나 약화시킬 것이다. 새롭고 도전적인 행동을 시도할 때는 따뜻하고 지지적인 태도가 확실히 더 효과가 좋다. 치료자는 이에 대한 본을 보이면서 내담자가 스스로 연습하도록 요청할 수두 있다.

63

'가치, 목표, 실천' 연습
THE 'VALUES, GOALS, AND ACTIONS' EXERCISE

이 장의 일부는 업무 환경에 ACT를 적용한 책의 워크시트에서 영감을 받았다(Flaxman, Bond & Livheim, 2013). 이 연습은 가치에 부응하기 위해 거쳐야 할 단계와 이 과정에서 나타날 수 있는 내부 장애물의 유형을 명확히 함으로써 내담자가 가치 중심 행동의 빈도를 늘리게 해 준다. 이는 회기 사이에 실용적으로 수행할 수 있는 과제를 정하는 수단으로 특히 유용하다.

다른 많은 심리치료 기법과 마찬가지로, ACT에서도 내담자가 회기 밖 연습에 참여한다는 개념이 매우 중요하다. 심리학자 앨버트 앨리스는 다음과 같은 수사적 질문을 한 적이 있었다. "어떻게 하면 카네기 홀에서 연주할 수 있을까요?" 그의 대답은 "연습, 연습, 또 연습이죠!"였다. 우리는 진심으로 이 생각에 동감한다. 내담자가 얻은 통찰을 실제 행동 변화로 변환할 준비가 되어 있지 않다면, 회기 중에 이룰 수 있는 것은 극히 제한적일 수밖에 없기 때문이다. 궁극적으로 자신의 일상에서 다르게 행동하기 시작하지 않는다면 ACT 개입은 딱히 소용없을 것이다.

이 연습은 어느 정도 가치 작업이 진행됐고 삶의 영역에서 특정한 가치에 부합하는 방향(일, 사랑, 놀이, 건강)을 확인했다고 가정한 상태에서, 다음 5단계로 진행한다.

1. **가치 확인**. 내담자가 삶의 특정한 영역에 도입하고 싶어 하는 가치

를 한 개 확인한다. 예를 들면 건강과 피트니스 영역에 전념하는 가치를 떠올릴 수 있다.

2. **목표 구체화**. 가치를 실현하는 것을 명확히 측정할 수 있는, 현실적이고 실행 가능한 목표를 명시한다. 기간을 정해 놓으면 동기를 부여하고 기대치를 명확히 하는 데 도움이 될 수 있으며, 단기·중기·장기적 목표로 나눠서 설정할 수도 있다. 단기적 목표로는 '다음주까지 친구와 함께 5km 달리기를 두 번 해야지.' 같은 것이 있다.

3. **실천**. 목표를 달성하려면 구체적인 행동이 필요할 것이다. 위의 목표를 달성하기 위해서는 먼저 친구와 연락을 해야 하고, 함께 달리기를 계획해야 하며, 경로를 설정하고 달리기 장비를 미리 준비해야 한다.

4. **장애물 파악**. 우리가 가치를 부여한 방향으로 나아가는 것은 쉽지 않고, 마음에서는 우리가 실천할 수 없는 온갖 반대나 이유를 떠올리고는 한다. 이 단계에서는 내담자가 이러한 **내부** 장애물을 미리 확인하여 효과적으로 다룰 수 있도록 준비시킨다. 어떤 생각, 느낌, 충동을 다루든 내담자가 이미 배운 광범위한 기법들(수용과 융합 과정 등)을 사용하게 될 가능성이 높다. 여기서 명심할 점은, 많은 사람이 외부 장애물이라고 인식하는 것이 실제로는 외부 장애물을 가장한 내부 장애물이라는 것이다. 예를 들어 '비가 와서 달리기를 못 해.'는 실제로는 비에 젖는 것을 불편하게 느끼는 내부 장애물을 표현한 것이다.

5. **진행 상황 검토**. 일단 내담자가 목표 달성을 위한 노력을 시작하면, 따로 시간을 할애하여 목표를 향해 나아가는 것이 힘들었던 이유 등을 포함해 진행 경과를 검토해야 한다.

64

노출과 억제학습
EXPOSURE AND INHIBITORY LEARNING

두렵거나 과거에 회피했던 상황에 계획적으로 노출하는 것은 행동치료에서 가장 널리 사용되는 심리적 개입 중 하나다. 효과의 근거는 매우 확실하며, 내담자가 선택한 가치의 방향을 '향해' 다가가는 것을 통해 행동 레퍼토리를 늘리도록 장려하는 것도 ACT와 잘 맞는다.

전통적으로 노출은 습관화를 원리로 사용하는 행동치료의 일환으로 시행돼 왔다. 두려운 사건에 반복적으로 노출됨으로써, 그 사건을 직면하는 것과 관련된 불편함(대개 불안)을 체계적으로 감소시키는 것이다. ACT 모형에서는 불편함의 감소가 핵심이 아니기 때문에, 대개 ACT 치료자는 이와는 약간 다른 입장을 취한다. 습관화가 항상 노출기법의 핵심 기전은 아닐 수 있음을 시사하는 증거들도 많이 나타나고 있다. 예를 들면, 노출기법 회기 중에 고통의 감소를 경험하지 못했어도 여전히 효과적으로 행동 레퍼토리를 확장할 수 있다(Craske, Treanor, Conway, Zbozinek, & Vervliet, 2014). 대안적 설명인 억제학습inhibitory learning 모형에서는 노출을 통해 과거 회피했던 자극과 새로운 연관성을 학습하고, 이 새로운 학습이 기존의 학습(자극을 회피해야만 한다는 규칙에 의해 '물러나는' 움직임의 반복적인 패턴이 형성됨)을 **억제한다고** 가정한다. 이 모형의 관점에서 보면, 노출치료의 목적은 단지 고통의 불편함을 줄이는 것뿐만 아니라, 새로운 학습이 이루어질 수 있는 방법을 극대화하는 것이다.

모리스Morris(2017)는 심리적 유연성의 핵심 원리를 바탕으로 ACT 치료자가 노출치료에 활용할 수 있는 많은 지침의 개요를 서술했다.

1. 노출 연습을 내담자에게 중요한 것과 위계적으로 연결함으로써 가치에 부합하는 활동이 되도록 한다(즉, 노출 연습을 가치 있는 행동의 일환으로 바라보기).
2. 한 회기 안에서나 여러 회기에 걸쳐서, 불편함을 감소시키기보다는 불편함을 수용하고 그러한 경험을 알아차리는 데 중점을 둔다.
3. 경험에 대한 개방성의 일환으로서 불편함과 온전히 접촉하기 위해, 가치 지향적 전념을 장려한다(예: '이런 불편함을 경험하는 것은 나한테 정말 중요한 거야.').
4. 연습을 하는 동안 현재 순간과의 접촉을 촉진한다. 예를 들어 불편한 내적 경험이 나타나는 것을 피하기보다는, 그에 대해 기술하고 이름을 붙이도록 권장한다.
5. 내담자가 확고불변의 '올바른' 결과가 있다는 생각을 내려놓고, 연습에서 배우는 것에 호기심을 가지도록 장려한다.
6. 명시적으로든 암묵적으로든 물러나는 움직임이나 안전을 확보하는 행동(예: 강박 의식)은 학습을 방해하는 경향이 있으므로, 이런 것을 하지 않은 상태에서 노출을 연습한다.
7. 연습을 구조화하는 수단으로 ('단계적 노출' 위계가 아닌) 가변적 접근 variable approach을 활용함으로써, 연습에서 제시하는 과제에 더 많은 가변성을 도입한다. 이는 우리가 예상하는 것과 실제 경험하는 것이 일치하지 않을 때 더 학습을 극대화할 수 있다는 개념에 근거한다. 단계적 혹은 구조화된 위계는 이러한 '예측 위반'에 반대로 작동한다.
8. 노출 연습이 유발하는 불편함의 강도를 다양화하기 위해서, 내적 경

험을 통제하거나 회피하려는 시도 없이 노출 연습에 전념하고 기꺼이 임한다.
9. 노출을 연습하는 다양한 맥락의 범위를 확장함으로써, 새로운 학습이 특정한 상황에만 국한되지 않도록 한다.

참고로 덧붙이자면, ACT의 모든 연습(단순히 힘든 생각과 느낌에 대해 말하는 것조차도)이 노출 요소를 포함한다고 볼 수도 있다. 따라서 치료자는 모든 치료 영역에서 위의 9가지 원칙을 유념해야 한다.

개입 구조화
STRUCTURING INTERVENTION

65

회기 과정 구조화
STRUCTURING A COURSE OF SESSIONS

ACT의 개입 단계를 얼마나 명확히 구조화할 수 있을지에 대해서는 치료자마다 다양한 의견이 있을 것이다. 어쩌면 ACT와 다른 심리적 개입 간의 차이만큼이나 ACT 커뮤니티 안에서도 다양한 의견이 존재할 수 있다. 여기서 중요한 것 중 하나는, ACT가 다양한 맥락에 적용되고 있으며 각 맥락에 따라 전달 방식을 다르게 할 필요가 있다는 것이다. 77장(과정 혹은 프로토콜?)에서 ACT를 과정 중심이나 프로토콜 중심으로 이해하는 문제를 좀 더 자세히 들여다볼 것이므로, 일단 이 장에서는 ACT 개입을 구조화하는 방법에 대한 더 일반적인 이슈를 다루기로 한다.

ACT 같은 본질적으로 유연한 모형을 구조화하는 방법을 질문받는다면, 당신은 "상황에 따라 다르죠!"라는 평범한 기능맥락주의자의 답변을 기본값으로 삼고 싶은 유혹에 빠지게 되겠지만… 이것이 가장 좋은 대답은 아닐 것이다. 이 장에서는 대략적인 전체 구조를 설정하여 여정의 큰 방향을 제시한다. 각 치료자는 그 안에서 자신만의 경로를 선택할 수 있을 것이다.

1. **평가**. 모든 심리적 개입에서 다 하듯이, 내담자의 상황과 그것이 발생한 맥락을 평가하는 시간이 필요하다. 내담자가 어떤 영역에서 갇혀 있는지, 기꺼이 참여하고자 하는 의지가 얼마나 되는지, ACT를 시행하는 것이 적합한지 등을 주의 깊게 평가해야 한다. 40장(초점화

된 평가)에서는 평가 문항에 초점을 맞추는 것을 좀 더 자세히 다룬다.

2. **사례개념화**. 헥사플렉스와 매트릭스 같은 ACT 모형을 적용하는 것은 현재 상황을 ACT 관점으로 바라보는 데 도움이 된다(43장 ACT 모형 공유, 44장 지속 순환주기, 45장 다가가고 물러나는 움직임, 46장 ACT 매트릭스 참조). ACT는 치료자가 내담자와 개방적이고 협력적인 방식으로 진행하며 공통의 이해에 이를 때 가장 잘될 수 있다. 이 과정은 내담자와 치료자의 성향과 필요에 따라 글로 쓰거나 말로 논의할 수 있다.

3. **창조적 절망감**. 충분한 시간을 가지고 내담자가 지각된 문제를 해결하기 위한 과거의 노력이 효과가 없었고, 다른 접근이 더 효과적일 수 있음을 깨닫게 한다. 내담자가 시도했던 것을 탐색하고 그 중에서 지금까지 도움이 됐거나 안 됐던 것을 확인한다(더 자세한 내용은 41장을 참조).

4. **가치 있는 방향을 정립**. 내담자가 노력하고 싶은 삶의 영역이 무엇이며, 그 영역에서 중요한 가치는 무엇인지 파악한다. 앞으로 나아가기 위한 가치 중심적 목표를 구체적으로 명시한다.

5. **씨름하는 것의 대안을 장려**. 가치 중심적 삶으로 나아가려고 노력할 때 나타나는 힘든 생각과 느낌을 다룰 때 '통제' 전략을 사용하지 않는 것의 이점을 탐색한다. 수용과 기꺼이 하기를 위한 기술을 개발하도록 장려한다.

6. **가치 중심적 행동에 대한 전념을 촉진**. 가치 중심적 행동을 식별하고, 그것을 추구하는 데 전념하도록 하며, 그 과정에서 나타날 수 있는 내부 방해물에 유연하게 대응하는 데 도움이 되는 기술을 연습하도록 한다. 이를 위해서는 수용, 탈융합, 마음챙김 기술 훈련과 연습이 필요할 것이다.

7. **검토**. 식별한 가치와 목표를 추구하는 측면에서 얼마나 진행이 잘되

고 있는지 정기적으로 확인하고 검토한다. 위의 4~6단계를 도움이 되는 선에서 최대한 자주 의식적으로 반복하는 것이 좋다.

66

단일 회기 구조화
STRUCTURING A SINGLE SESSION

ACT는 구조화된 개입이기 때문에, 각 회기마다 어느 정도씩 구조가 존재하는 것도 놀라운 일은 아니다. 이러한 구조는 다양한 출처sources를 통해 형성된다. 첫 번째 출처는 내담자만의 목표와 요구needs로, 여기에 따라 개입 모습이 정해지게 된다. 두 번째 출처는 매 회기를 시작할 때마다 계획을 수립하는 방식으로, 흔히 의제 설정이나 논의가 여기에 속한다. 회기가 구조화되면 내담자가 목표를 향해 다가가는 데 회기 시간을 의미 있게 사용할 수 있다. 또한 치료 작업을 협력적으로 수행하고 치료자나 내담자 어느 한쪽의 의제에 완전히 치우치지 않을 수 있다.

물론 구조화의 정도는 내담자의 요구에 맞춰서 유연하게 적용해야 한다. 순간적으로 떠오르는 것은 무엇이든 다룰 수 있도록 계획이나 구조 같은 것은 창 밖으로 던져 버려야 하는 회기도 있을 것이다. 하지만 아주 대략적으로는 다음과 같이 ACT 회기를 구성한다.

1. 회기의 내용과 주제를 협의하기 위한 의제 설정
2. 별생각 없이 하는 행동에서 벗어나 회기에서 알아차림의 맥락을 설정하기 위한 간단한 현재 순간 연습
3. 지난 회기를 마칠 때 정했던 모든 회기 밖 활동과 연습 점검
4. 1주일 동안 내담자가 갇힌 지점이나 새롭게 발전한 것에 대한 더 많은 전반적 학습 내용 검토

5. 기술 연습(기능분석과 연계)
- 탈융합 및 수용 연습
- 현재 순간 및 맥락으로서의 자기
- 가치 및 전념행동 연습
6. 위 회기 내용을 근거로 새로운 회기 밖 연습 과제를 설정
7. 회기에서 피드백 제공 및 반영

기술을 연습할 때는 항상 과정에 초점을 맞춰야 한다. 즉 회기 내내 헥사플렉스의 한 가지 영역에만 중점을 둘 필요는 없다. 예를 들어 지난 한 주간의 가치기반 행동을 논의한다면 필연적으로 내부 장애물이 나타날 것이고, 탈융합과 수용의 문을 열 것이다. 마음챙김 연습을 하면서는 힘든 자기이야기와 접촉할 수 있으며, 가치의 측면에서 연습의 목적을 재검토하는 것이 중요할 것이다. ACT의 창시자 중 한 명인 스티븐 헤이즈는 이것을 샴페인 병에서 코르크 마개를 꿈틀꿈틀 움직여 따는 것에 비유한다. 샴페인을 따려면 코르크 마개의 여러 부위에 가하는 압력을 변화시키면서 마개를 위아래로 움직여야 한다. 한쪽에만 압력을 가하면 처음에만 좀 움직이다 멈출 것이다. 헥사플렉스의 다양한 지점에 '압력'을 가함으로써 심리적 유연성을 만들고, 이 모든 것이 합쳐져서 움직임으로 이어진다.

67

중심 은유 사용
USING OVERARCHING METAPHORS

중심overarching 은유는 개입 과정 전체에 걸쳐 있으며 (비록 매 회기마다는 아니어도) 여러 차례 반복되는 것이다. 이 은유는 문제나 이슈에 대한 새로운 학습을 구성하고 개입과 기술 개발을 조직화하는 데 유용하다. 이 과정은 마치 은유를 사용할 수 있는 전반적인 구조와 뼈대를 제공해 주는 옷걸이와 같다. 개별 구성 요소들은 옷걸이에 걸려 있는 코트와 모자다. 옷걸이는 모든 부분과 연결되는 중심체이기 때문에, 새로운 학습을 더 일관되고 영향력 있게 만듦으로써 다양한 상황에서 일반화할 것이다.

28장(현재 순간과의 접촉)에서 설명한 것처럼, 은유는 많이 잘 알고 있는 영역에서 지식과 이해의 폭이 협소한 영역으로 대량의 정보를 빠르고 효율적으로 전달할 수 있다. 이 두 가지 관계망 간의 등위성을 통해 정보를 전송할 수 있다. 은유는 '차이니즈 핑거 트랩'(55장)이나 '줄다리기'(54장) 은유처럼 직접 경험을 통해 정보를 학습하는 경우에 더 강력해진다. 언어 규칙의 기능이 희석되면, 직접 경험을 통한 학습이 더 두드러지게 증가할 수 있다.

내담자가 힘든 내용과 맺고 있는 관계는, 대개 오랫동안 강화된 이력이 있으며 지나칠 정도로 견고하게 확립되고 반복되어 온 것이다. 내담자가 힘든 내용과 원치 않는 접촉을 하는 와중에, 회피 반응이 제2의 천성으로 굳어져서 자동적으로 반응하게 된다. 따라서 내담자에게 한 번 은유를 보여 줬다고 해서 자동적 반응이 달라질 가능성은 거의 없다. 하지만 여러 차례에 걸쳐, 다양한 맥락과 형태로 은유를 제시하면 새로운 학습이 나타나고 유지될 가능성은 높아질 것이다. 따라서 개입 과정의 중심이 될 수 있는 은유를 선택하는 것이 중요하다. 이는 내담자의 상황과 지식에 적절하고 적합한 은유를 말한다. 은유는 또한 다양한 과정을 포괄할 정도로 광범위해야 한다. 이를 위해서는 가치를 향한 움직임을 촉진하면서도 내용과 씨름하는 것을 설명할 수 있어야 한다. 여기에 해당하는 것이 바로 '버스 안의 승객들'(68장)과 '인생경로 단계'(69장) 은유다. 헥사플렉스에는 다양한 구성 요소가 있어서 말만으로는 모든 정보를 충분히 전달하기 힘들다. 반면에 위의 두 은유는 굉장히 실행하기 좋고, 은유에서 전달하는 내용 전체를 매우 기억하기 쉬운 방식으로 삶 속으로 가져올 수 있다.

68

'버스 안의 승객들' 연습
THE 'PASSENGERS ON THE BUS' EXERCISE

'버스 안의 승객들'은 ACT의 모든 구성 과정을 한데 모은 포괄적 은유다. 이 은유는 우리를 '삶의 버스'의 운전사로 묘사한다. 버스에는 우리의 생각, 느낌, 감각, 기억 등의 다양한 승객들이 타고 있다. 승객들은 운전사인 우리가 이동 방향을 선택할 때 늘 갔던 똑같은 길로 가라고 목소리를 높이고, 회유하고, 위협한다. 우리는 승객들을 조용히 시키기 위해 그들의 말에 따르거나, 그들을 버스 밖으로 쫓아내려고 버스를 세우고 말싸움하는 식으로 반응한다. 그러다 보면 어느새 가치 있는 방향을 바라보지 못하고 한 장소에만 갇혀 있거나 길을 잃는 위험에 처한다. 이에 대한 대안적 행동은, 승객들과 함께 버스에 탄 채로 주의를 기울여 가치를 향한 방향으로 움직이는 것이다. 유튜브에서 이 은유를 설명한 애니메이션을 볼 수 있다. '버스 안의 승객들 – 수용전념치료 은유Passengers on a bus – an Acceptance and Commitment Therapy (ACT) metaphor'라고 검색해 보라(역주: https://www.youtube.com/watch?v=Z29ptSuoWRc).

이 은유는 우리가 가치 지향적 행동을 지속하기 위해 승객들을 대하는 대안적 태도로서, 주의를 기울여 수용하고 탈융합하는 것을 보여 준다. 버스는 이 모든 경험을 담고 있는 맥락으로서의 자기를 나타내기 때문에, 개입 내내 버스를 중심 은유로 사용할 수 있다. 논문으로 발표된 연구들인 근로자 웰빙을 위한 ACT(마음챙김과 효과적인 근로자 프로그램)와 정신병에서 ACT 개입(정신병 회복 프로그램에서 ACT) 모두 이 은유를 이런 식으로 사용했다(Flaxman et al. 2013; O'Donoghue, Morris, Oliver, & Johns, 2018).

언어나 시각적으로만 설명하기보다는 은유의 다양한 부분을 연출할 때 특히 더 강력한 효과를 얻을 수 있다. 이는 집단에서 실행할 때 특히 더 생생히 느낄 수 있다. 한 명은 자신이 씨름하고 있는 상황을 겪는 버스 운전사 역할을 맡고, 다른 참가자들은 운전사를 방해하는 승객들로 참여한다. 이들은 운전사가 굴복, 말싸움, 기꺼이 하기와 같은 다양한 반응을 신체적으로 표현하도록 한다. 기꺼이 하기 반응은 운전사가 승객들을 태우고 있으면서 주의를 기울여 가치를 향해 다가가는 것을 포함한다. 디브리핑 때 집단 진행자는 참가자들에게 운전사가 보인 반응들 간의 차이를 물어봄으로써, 가치에 다가가는 맥락에서 각 반응의 효용성을 살펴볼 수 있다. 굴복이나 말싸움은 어떤 맥락에서는 '효과'를 볼 수도 있겠지만 가치 있는 행동을 하는 데는 소용없을 때가 많다. 은유는 참가자들이 자기가 태우고 있는 승객들에게 어떻게 반응하는지, 이런 반응이 가치 있는 행동에 어떤 효과가 있는지 탐색할 수 있게 해 준다. 이에 대한 영상과 추가적인 지침은 '맥락상담Contextual Consulting' 웹사이트를 참조하라(www.contextualconsulting.co.uk).

이 은유는 움직임과 행동을 연계하기 때문에 훨씬 더 기억에 잘 남는다. 중요한 것은, 기존의 언어 기능(예: '난 승객들이 무서워. 그들이 말하는 대로 안 하면 다칠지도 몰라.') 중 일부가 희석되면서 직접 기능(예: '비록 승객들이 소란스러워도 나는 가치를 향해 갈 수 있고, 내 가치는 그만큼 소중해.')이 더 부각될 수 있다는 것이다.

이것은 다양한 과정과 접촉하는 커다란 은유이기 때문에, 여러 가지 방식으로 사용하면 더 좋다. 위에서 언급한 집단 프로그램에서는 이 은유를 말로 여러 차례 설명하고, 애니메이션을 보여 주고, 프로그램 전체 과정 중 최소 2번 이상을 실제로 연출했다. 이렇게 하면 내담자들이 다양한 부분들 모두에 익숙해지고 그것을 자신들의 경험과 관련지을 수 있다.

69

'인생경로 단계' 연습
THE 'LIFELINE STEPS' EXERCISE

심리적 유연성 모형의 다양하고 많은 과정을 한꺼번에 다루는 또 다른 연습으로, 내담자가 현재 상황에 대한 물리적 지도를 만드는 것이 있다. 이 연습은 테이블이나 화이트보드를 통해서도 할 수 있지만, 지도를 만들어서 돌아다닐 수 있는 물리적 공간이 있으면 더 유용하다. 내담자들의 피드백을 들어 보면 실제로 지도 주위를 걸어 다니는 것이 이 연습에서 가장 능동적인 요소이기 때문에, 우리는 가급적 물리적으로 활용하는 방법을 선호한다.*

이 연습은 내담자가 내부 장애물로 인해 가치 있는 방향으로 움직이기 어려운, 갇혀 있는 영역을 탐색하는 것을 돕기 위해 고안된 것이다. 연습 과정은 다음과 같다.

1. 내담자로 하여금 현재 자신의 어려움을 설명하게끔 하며, 상황의 맥락에서 멀어지거나 구현되지 않고 있는 가치를 파악하도록 한다. 가치 명료화 시간을 가진 뒤 점착 메모지에 가치를 적어서 내담자 정면에 있는 벽에 붙인다. 내담자로 하여금 현재 자신이 있는 곳에서 내담자가 지향하는 가치가 있는 곳으로 가는 경로를 생각하게 한다.

---

* 우리는 데이비드 길랜더스David Gillanders가 영국의 한 훈련 워크숍에서 했던 것에 영감을 받아 이 장을 썼는데, 그가 제공한 설명서에는 토비아스 룬드그렌Tobias Lundgren에게서 영감을 받았다고 적혀 있었다.

2. 내담자로 하여금 가치를 향해 다가가려고 노력하는 동안 나타나는 내부 장애물을 설명하도록 한다. 내담자가 생각이나 느낌을 설명할 때마다 각각의 내용을 점착 메모지에 적어서 내담자와 정면의 벽에 붙어 있는 가치 사이에 있는 바닥에 붙인다. 그리고 그것들을 경로의 장애물로 설정한다.

3. 내담자에게 장애물에 다가가게 한 뒤, 해당 장애물의 내용을 경험하면 어떻게 할지 물어본다. 내담자가 말한 모든 행동을 새로운 점착 메모지에 적어서 내담자와 가치 사이의 바닥에 붙인다. 이때 이런 행동이 '다가가는' 움직임인지 아니면 '물러나는' 움직임인지 잘 알아차려서, 그 결과에 따라 점착 메모지를 가치를 나타내는 메모지로부터 더 멀거나 가까운 쪽에 붙인다.

4. 내담자에게 자신이 방금 파악한 행동 반응 옆으로 이동하도록 한 뒤, 흔히 그런 행동 다음에 일어나는 일을 생각, 느낌, 행동 측면에서 묘사하도록 한다(예: "피하면 처음에는 기분이 나아지지만 결국에는 죄책감을 느끼게 돼요."). 갇혀 있는 상황에 대한 상세한 지도가 만들어질 때까지 이 과정을 반복한다.

5. 대개 가치 있는 방향으로부터 반복해서 물러나거나, 회피와 타성에 젖거나, 경험회피에 따라 순환하는 행동 패턴이 드러난다. 두드러지게 나타나는 것이 무엇이든 내담자에게 시작점으로 되돌아가 당신과 함께 여러 번 그 경로를 직접 걸으면서, 내담자의 반응이 가치를 향해 다가가는 측면에서 얼마나 효과가 있는지에 관심을 가지고 현재 순간을 성찰해 보도록 한다. 그 반응은 도움이 됐는가? 더 장기적으로는 어떨 것 같은가? 그렇게 반응한 대가는 무엇인가? 여기에 서서 당신이 가치에서 얼마나 멀리 떨어져 있는지 바라보는 것은 어떤 느낌인가?

6. 다시 출발점으로 되돌아온다. 내담자가 가치를 향한 경로로 걸어가려면 처음 장애물에 어떻게 다르게 대응해야 할지 생각하게 함으로써("가치를 향한 여정에 그런 생각과 함께할 수 있을 것 같아요."), 수용과 전념 행동의 특징을 보이는 반응을 반드시 강화한다.

3부

가슴
HEART

70

ACT의 가슴 – 맥락, 전략, 과정
THE HEART OF ACT - CONTEXT, STRATEGY, AND PROCESS

　이 책에서는 ACT를 개념적이고 실용적인 관점에서 다루고 있으며, 마지막 3분의 1은 우리가 개입을 시행한 경험과 ACT를 활용해 대화한 사람들의 경험을 이해하는 방식에 중점을 두고자 한다. 앞서 1부와 2부는 비교적 쉽게 내용을 선택할 수 있었지만, 3부는 다양한 독자들이 놓여 있는 맥락의 범위와 개인내 및 개인간 복잡한 변수 때문에 쉽지 않았다. ACT 개입은 유연성을 바탕으로 다양하게 응용할 수 있으며, 이를 전달하는 방식 또한 치료자와 내담자에 따라 굉장히 다를 것이다.

　우리는 사람들에게 ACT를 훈련시키고 슈퍼비전을 시행한 경험을 바탕으로 3부에 들어갈 내용을 선별했다. 비교적 높은 빈도로 나타나는 주제들이 많이 있었고, 이것들을 ACT를 사용하는 광범위한 맥락, 치료자가 결정해야 할 전략적 이슈, 심리적 개입을 제공하는 환경에서 나타나는 역동적 이슈에 따라 분류했다.

　'맥락에서의 ACT'는 더 폭넓은 현대 의료전달체계 및 문화적 맥락에서 ACT가 차지하는 치료적 입장을 다룬다. 이것은 치료자의 작업에 중요한 영향을 끼치는 열의와 태도뿐만 아니라 과학과 철학과도 관련된다. '의사결정의 실제' 섹션에서는 책의 앞부분에서 소개했던 많은 개념들을 다시 다루고, 이런 개념들이 ACT 프레임워크 내에서 치료자의 판단과 감정을 끌어내도록 실행하는 방식에 초점을 맞춘다. 마지막 섹션인 '치료적 과정에서의 이슈'에서는 ACT 개입을 시행하는 데 내재된 복합적인 역동적 이슈를 치료자, 내담자, 치료자-내담자의 상호작용 측면에서 다룬다.

맥락에서의 ACT
ACT IN CONTEXT

71

인간의 괴로움은 질병이 아니다
HUMAN SUFFERING IS NOT A DISEASE

ACT는 사람의 심리적 요구, 그 중에서도 특히 심리적 고통을 경험하면서도 자신의 가치에 부합하는 삶을 살기 위해 씨름하는 사람의 심리적 요구를 충족하기 위한 기법이다. CBT를 포함한 주류 심리학 이론 상당수는 신체건강 영역의 핵심 가정인 '건강한 것이 정상적인 것'이라는 개념을 채택하고 있다. 신체건강에는 이 가정이 잘 들어맞을 때가 많다. 이따금씩 건강의 정상성을 방해하는 질병 과정도 존재하지만, 진화 과정에서 생존과 번식 기회를 극대화하기 위해 건강한 육체가 선택됐다는 말은 납득할 만하다. 따라서 질병은 곧 비정상으로 간주되고, 의학은 질병 효과를 완화하거나 없애기 위해 질병의 증상과 징후를 관찰하고 증후군을 파악하는 행위가 된다.

대부분의 신체건강 영역에서는 **건강한 정상**healthy normality 모형이 말이 되지만, 심리적 고통(예: 고조된 불안이나 기분 저하)을 질병과 동등한 것처럼 취급하려는 시도는 숱한 문제를 양산해 왔다. 첫째, 오랜 노력에도 불구하고 정신질환 진단에 특징적인 생물학적 표지자는 발견되지 않고 있다(Kupfer, First, & Regier, 2002). 즉 우울증이나 다른 정신질환을 진단할 수 있는 혈액학적 검사는 없다. 둘째, 정신건강 문제를 이른바 장애disorders로 분류하려는 시도(예: DSM-5[American Psychiatric Association, 2013])는 신뢰도와 변별 타당도에서 많은 문제를 보였다(Bentall, 2003). 각 질환들마다 서로 겹치는 부분이 굉장히 많으며(흔히 '동반이환co-morbidity'이라고 함), 그 경계가 매우 불

분명하고, 일반적인 고통과 병적인 고통 사이의 경계도 임의로 정의되어 있다. 미국정신의학회 역시 현재 모형의 한계가 너무 뚜렷하기 때문에, 우리가 인간의 심리적 고통을 이해하는 데 진정한 진전을 이루기 위해서는 중대한 패러다임 변화가 필요하다는 것을 인정했다(Kupfer et al., 2002). 비록 진단분류 체계가 전혀 활용성이 없는 것은 아니지만, 비정상과 질병 개념으로 인간의 고통의 원인을 찾아내려는 전략이 별다른 성과를 거두지 못한 점을 고려하면 다른 모형을 탐구할 가치가 있다고 주장할 만하다.

당신은 불안, 우울, 혹은 그 외 어떤 형태로든 뚜렷한 감정적 고통을 **한 번도** 경험하지 않은 사람을 아는가? 현실에서 정신적 고통이 삶의 기본 조건인 것처럼 보이는 것만큼이나, 이를 비정상이나 질병과 유사한 상태로 여기는 것 또한 잘못된 것처럼 보인다. 이것이 바로 ACT만의 차별화되는 핵심 가정, 즉 언어와 인지 같은 평범한 인간적 과정이 우리의 고통 중 많은 부분을 설명할 수 있다는 가정의 출발점이다. 이를 **파괴적 정상성** destructive normality 가정이라고 한다(Hayes et al., 1999).

인간의 기본 요건
FUNDAMENTAL HUMAN REQUIREMENTS

헤이즈 등(1999)은 첫 ACT 교과서에서 파괴적 정상성의 근거로 자살을 예로 들었다. 인간은 지구상에서 유일하게 자살하는 종으로 알려져 있으며, 이는 예로부터 모든 인류 사회에 걸쳐 보고된 현상이다. 왜 자살은 다른 동물과 달리 인간의 문화에서만 나타날까? 다른 종에는 없는 오직 인간에게만 있는 속성은 무엇일까? 확실한 것은 인간의 독보적인 인지 능력의 이점에 딸려오는 단점이 확실히 있다는 것이다. 우리는 사람으로서 존재하면서 겪게 되는 몇몇 심리적 과정으로 인해, 생존 의지에 상충되는 궁극적 형태의 파괴적 행동을 할 정도로 매우 큰 괴로움을 느낄 수 있는 잠재력을 지니고 있다. 절망감, 무가치감, 수치심 같은 것에서 벗어나려는 동기의 관점에서만 자살행동의 기능을 이해할 수 있고, 언어 및 파생 관계 반응에 의해서만 이러한 동기를 납득할 수 있다.

그럼, 인간은 무엇을 필요로 하는가? 무엇 때문에 자살을 생각할 정도로 고통스러워할까? 우리의 생명력을 유지하는 데 필수적이면서 인간의 기본 요건이라고 할 만한 것들이 몇 가지 있다. 저마다 의견이 다를 수 있기 때문에 이러한 기본 요건에 대한 확정적이거나 세세한 목록을 제시하지는 않겠지만, 전반적인 사항에 대해서는 큰 이견이 없을 것이다. 윌슨 Wilson(2013)은 '인간의 태생적 욕구'라고 이름 붙인 다음 목록을 통해 이에 대한 견해를 제시했다.

1. 독소에 노출되는 것을 최소화한다.
2. 제대로 된 음식을 먹는다.
3. 몸을 움직인다.
4. 적절한 휴식과 수면을 취한다.
5. 의미 있는 활동에 참여한다.
6. 주의를 기울인다.
7. 사회관계망에 참여한다.

이와 비슷하게 영국 국민보건서비스UK National Health Service(2016)는 건강한 정신건강과 웰빙을 위해 다음과 같은 '하루에 다섯 가지'라는 연구 권고안을 제시했다.

1. 관계 유지하기
2. 능동적으로 되기
3. 항상 배우기
4. 남에게 베풀기
5. 주의를 기울이기

우리는 위의 두 목록 모두 좋아한다. 현대 생활의 속도는 이러한 요건을 충족하는 것을 점점 더 어렵게 만드는 것처럼 보인다. 현대를 살아가는 많은 이들보다 석기 시대의 수렵 채집 공동체에 속한 사람이 위의 두 목록을 훨씬 더 잘 완수할 수 있을 것이다. 위의 목록과 그 목록이 추구하는 가치와 멀어지는 것은 좋은 일이 아니다. 흔히 ACT 개입은 사람들이 이러한 요건에 연결 혹은 재연결되도록 돕는다.

73

내담자는 고장 난 것이 아니라 갇힌 것이다
OUR CLIENTS ARE STUCK, NOT BROKEN

    심리적 웰빙을 이루기 위한 기본적인 요건이 있다는 개념에 따르면, 사람들은 그런 기본적인 요건이 충족되지 않을 때 어려움을 겪거나 문제행동에 빠지는 것으로 볼 수 있다. 이는 비단 인간만 그런 것은 아니다. 중독 연구에서 우리에 갇혀 사회적으로 고립된 쥐들은, 선택권이 주어졌을 때 맹물 대신 헤로인이 첨가된 물을 더 많이 찾았다. 고립된 쥐들은 과다복용으로 죽을 때까지 계속해서 헤로인이 첨가된 물을 찾았다. 여러 쥐들과 함께하며 다양한 자극을 경험할 수 있는 환경에 놓인 쥐들은, 똑같은 선택권이 주어졌을 때 헤로인이 첨가된 물을 찾지 않았다(Hari, 2015). 그 쥐들은 다른 쥐들과의 유대감을 통해 필요한 관계가 충족된 상태였기 때문에 굳이 헤로인을 찾을 필요가 없었다. 이 예는 당연히 사람에게도 그대로 적용된다. 사회적 고립이 개체를 약화시키는 효과는 잘 알려져 있다. 독방에 수감되는 것은 수감자들이 매우 꺼리는 조치로서, 교정 시설 내에서 궁극의 처벌 중 하나로 활용된다. 만약 우리에게 사회적 연결이라는 요건이 충족되지 않는다면, 현저하게 웰빙이 손상되거나 해로운 행동에 참여하는 경우가 상당히 많아질 것이다.

    웰빙의 필수 조건을 상실하는 것이 곧 질병이나 질환은 아니다. 이는 ACT 치료자가 내담자를 **고장 난** 것이 아니라 **갇힌 것**이라고 말하는 이유이기도 하다. RFT 학생으로서 우리가 언어에서 강조하는 부분의 미묘한 차이를 매우 중요시하는 것도 놀랄 일은 아니다. 변화의 맥락에서 '고장 남'은 '수리됨'과의 관계망에 놓여 있는 반면, '갇혀 있음'은 '움직임'과 더 밀접한 관계를 지니고 있다. 후자는 내담자의 현재 상황과 바람직한 여정의 방향에 대해 전자와는 다른 태도를 취한다. 심리적인 고통을 고장 난 것으로 받아들여서 그것을 극복하거나 수리하려고 시도하다가 갇히는 경우를 보면, '고장 남'과 '수리됨'의 개념을 더 반박하게 된다. 이 책의 앞부분에서 언급한 것처럼, ACT에서는 당신이 이런 관점에서 생각하면 '수리하기'라는 해결책이 원래 있던 문제보다 더 큰 문제가 될 수 있다고 본다.

사람들과 어울리면서 끊임없이 무가치하다는 생각에 빠져 우울감을 느끼는 사람을 떠올려 보라. 이 사람이 그런 생각을 고장 난 증상으로 여긴다면, 그런 생각을 덜 경험하기 바라면서 사회적 교류에서 멀어지는 것도 하나의 해결책이 될 수 있다. 하지만 이는 함정이다. 사회적 위축은 사회적 교류에서 얻을 수 있는 강화를 차단함으로써 우울감과 자기비판을 악화시킬 가능성이 높기 때문이다. ACT에서는 이 사람을 고장 나서 수리가 필요한 상태가 아닌, 갇혀 있어서 다르게 움직여야 하는 상태로 볼 것이다.

74

치료적 입장
THE THERAPEUTIC STANCE

앞 장들을 읽으면서 ACT가 내담자, 내담자가 지닌 이슈, 치료자가 취하는 개입 방식에 어떤 입장을 지니는지 감을 잡았기 바란다. 인간은 **정상적인** 언어 및 인지 과정으로 인해 심리적 고통을 경험한다. 이러한 심리적 고통은 고장이나 병이 난 것이 아니라 갇혀 있는 상태로 볼 수 있으며, 따라서 발을 다른 쪽으로 내딛는 데 도움이 되는 기술이 필요하다. 우리는 사람들이 역경에 유연하게 대응하는 데 더 적합한 기술을 습득해 나가도록 도와준다. 내담자가 어떤 생각과 느낌을 경험하든 그것은 적이 아니며, 그에 맞서 싸우는 것은 해롭다. 따라서 내적 경험이 아닌, 그것과 씨름하는 것을 변화시켜야 한다.

ACT를 실행할 때 근본적으로 지녀야 할 중요한 태도가 있다. 앞서 우리가 봤듯이 ACT는 독자인 당신도 포함하는 **인간**의 기능 모형이라는 것이다. 이것은 '우리와 그들' 식으로 나누는 철학이 아니다. 따라서 만약 당신이 진료실 안의 전문가 자리에 앉기 위해 이 책을 읽고 있다면, 한 걸음 뒤로 물러나기 바란다. 언어와 인지의 모든 대가와 이득을 경험한다는 측면에서 보면, 우리 또한 내담자와 같은 처지라는 것을 꼭 명심해야 한다. 내담자를 갇히게 만드는 과정은 우리를 갇히게 만드는 과정과 같다. ACT 훈련과 슈퍼비전에 경험적 요소가 굉장히 많은 이유 중 하나도 이 때문이다. 치료자는 내담자가 ACT 개입을 통해 배우고 느끼는 것의 일부를 똑같이 배우고 느낄 수 있다. 이는 일종의 내면으로부터의 학습으로 기능하기에, 치료자는 ACT를 실행할 때 항상 경험학습에 초점을 맞추는 것이 좋다.

또 하나의 중요한 이슈는 우리가 자신과 내담자를 성장 과정에서의 역경과 고난으로부터 구할 수 없다는 사실이다. 일단 우리가 안전지대에서 벗어나면 불편함을 경험하게 될 것이기에, 가치 중심적 삶을 결코 쉬운 선택지로 여겨서는 안 된다. 또한 ACT 치료에서는 내담자의 가치와 선택을 전적으로 존중한다. 내담자의 선택에 가장 중요하게 고려할 요인은 삶의 맥락에서의 효용성이다. 내담자의 선택이 치료자의 가치나 욕망과 상충되는 것 때문에 치료자가 힘들 수도 있다. 예를 들어 우리가 내담자가 파트너와 헤어지는 것이 낫다고 굳게 믿더라도, 내담자에게 파트너를 떠나라고 제안하는 것은 우리가 할 일이 아니다. 항상 그렇듯이 치료자의 역할은 내담자가 자유롭게 선택한 가치의 맥락에서 자신의 선택을 더 기능적으로 만들 수 있는 기술을 개발하도록 돕는 것이다.

75

문화적 맥락에서의 ACT
ACT IN A CULTURAL CONTEXT

내담자의 규칙과 가치의 기원에 대한 의문은, ACT의 치료, 훈련, 슈퍼비전에서 변함없이 나타나는 이슈 중 하나다. 특정한 규칙에 반하거나 특정한 가치에 따라 행동하면, 그보다 더 폭넓은 환경에 있는 사람들과 갈등을 겪을 수 있다. 우리가 속한 문화가 우리의 규칙과 가치의 공식화에 끼치는 영향은 아무리 강조해도 지나치지 않으며, 모형의 각 영역에도 영향을 끼친다. 예를 들어 어떤 남자가 감정을 표현하는 것은 나약함을 드러내는 것이라고 암시하는 문화에서 살고 있다면, 이것은 그가 자신의 감정 세계에 귀를 기울이는 능력, 문화적 규칙과 융합되는 수준, 자신의 고통을 기꺼이 수용하려는 정도에 영향을 끼칠 것이다. 사람들은 제각각이고 학습 이력도 다 다르기 때문에, 개인적 반응을 이해하는 데 있어서 더 폭넓은 문화적 맥락을 고려하는 것이 도움이 된다.

불편함에 직면할 때 기꺼이 하는 마음가짐과 파괴적 정상성을 중요시하는 ACT의 메시지와 전반적으로 궤를 같이하는 더 오랜 전통(대표적으로 불교)도 있지만, ACT 메시지는 현대 산업사회를 지배하는 더 폭넓은 문화적 메시지와 상충된다. 기술 변화의 속도는 세상이 언어의 지배에 놓이게 했고, 대중매체를 통해 고통, 괴로움, 개인적 판단과 훨씬 더 잘 연결되게 만들었다. 소위 선진국에서 정신건강 문제는 높은 수준으로 나타나고 있으며, 그만큼 고통을 완화하기 위한 선택지들이 끝없이 늘어서 있다. 많은 문화권에서는 행복이 기본 감정이고, 심리적 건강과 등위관계에 있다는 메시지가 주류를 이루고 있다. 만약 행복하지 않다면 무언가 문제가 있다는 것이므로 다시 행복해질 수 있는 조치를 취해야 한다. '긍정적' 생각과 느낌을 제외한 모든 것이 증상으로 간주되기에 통제되고 억제되고 제거되어야 한다. 이는 의학용어(예: 항우울제anti-depressant medication)나 '불안의 치료The Anxiety Cure' 같은 자기계발서 제목에도 반영돼 있다(Bernhardt, 2018).

만약 당신이 수용과 기꺼이 하기가 지배적 서사가 아닌 문화에서 생활하고 일하고 있다면, 그것이 ACT를 실행하는 데 끼치는 영향을 고려하는 것이 중요하다. 여기에는 수많은 질문이 이어진다. 이렇게 문화와 상이한 서사가 당신과 당신의 치료에 어떤 영향을 주는가? 이것은 내담자의 기대에 어떤 영향을 끼치는가? 당신이 사회 통념에 반하는 메시지를 전파하는 것에 대해 동료와 당신이 속한 시스템은 어떤 반응을 보이는가? 당신은 ACT를 시행하는 과정에서 나타나는 갈등의 불편함을 기꺼이 경험할 의향이 있는가? 위와 같은 질문들은 더 폭넓은 맥락에 대한 감수성을 증진하기 위한 것이지만, 어떤 질문에도 '정답'은 없다.

76

ACT와 의료모형
ACT AND THE MEDICAL MODEL

ACT가 심리적 고통에 대해 취하는 입장은 그보다 훨씬 더 확고한 의료모형과 문화 '충돌'을 일으킬 가능성이 높다. 대부분의 사람들은 하나 이상의 원치 않는 경험을 가지고 의사를 찾아가서 그런 경험을 없앨 수 있는 완화제나 치료제 같은 것을 받기 바란다. 우리는 임상심리학자로 일하면서 이런 모형에 따라 첫 발걸음을 하는 사람들을 수없이 봐 왔다. "전 그냥 행복해지고 싶을 뿐이에요." 혹은 "불안한 것만 없어지면 좋겠어요."라고 말하는 것은 많은 내담자들의 전형적인 태도다. 이들 대부분은 우리와 마찬가지로 '증상'의 '치료'가 거의 전부인 의료모형을 이용한 오랜 역사를 지니고 있을 것이다.

이는 ACT 치료자가 될 사람들, 특히 의료모형이 지배적인 곳에서 근무하고 있는 사람들에게 몇 가지 중요한 질문을 던진다. 설령 의료 맥락이 아니더라도 이와 똑같은 유형의 생각이 많은 사회와 문화에 만연해 있다. 확연히 다른 이 두 가지의 접근법을 마치 하나만 승리하는 '제로섬' 게임처럼 대하는 것은 도움이 안 된다. 효용성의 관점에서 보면 두 접근법 모두 권장할 만한 부분이 있고 서로 함께하지 못할 이유가 없다. 두 모형의 지지자들이 각각의 적응증과 상대적 장점에 대해 유연한 입장을 취한다면 도움이 될 것이다.

만성 통증을 예로 들어 생각해 보자. 만성 통증이 있는 사람은 ACT 치료자를 찾아오기 전에 수많은 통증 완화 방법을 찾아봤을 것이다. 신체적 고통을 계속 느끼고 있는 것은 매우 불쾌하기 때문에, 이를 완화하는 방법을 찾아보는 것은 잘못이 아니다. 내담자나 보호자가 약물이나 수술을 통해 통증을 **완화하기만 하는 것**에 한계가 있음을 인식하고 나서 심리적인 도움을 알아봤을 수도 있다. ACT 치료자는 통증을 수용하는 전략을 촉진하겠지만, 내담자는 통증을 완화할 수 있는 방법을 계속 알아볼 것이다. 이는 철학적으로 상충되는 것처럼 보이지만, 중요한 것은 철학이 아니라 효용성이다. 만약 효과적인 통증 완화 전략을 알아볼 수 있다면, 마음챙김과 수용에 도움 되는 기술을 배우면서 이를 병행하지 못할 이유가 어디 있겠는가? 이는 우울증으로 진단받은 사람이 항우울제를 복용하면서 ACT에 참여하는 데도 똑같이 적용할 수 있다. ACT를 시행할 때 나타나는 많은 이슈처럼, 치료자는 유연성, 효용성, 생각을 가볍게 쥐는 ACT의 원리를 여기에도 적용할 필요가 있다.

실전 의사결정
MAKING DECISIONS IN PRACTICE

과정 혹은 프로토콜?
PROCESS OR PROTOCOL?

이 책의 첫 번째 파트에서는 ACT가 어떻게 기능맥락주의와 RFT 이론에 근거하여 인간의 괴로움에 접근하는지 설명한다. 여기서 많은 기법들을 설명하고 있지만 그렇다고 몇몇 기술 모음이 ACT의 본질은 아니다. ACT는 언어, 인지, 행동 과정을 심리적 고통과 기능부전의 핵심으로 보기 때문에 이를 개입 대상으로 삼는다. 이 과정은 심리적 유연성 모형에서 설명하고 있다(27장 헥사플렉스 모형). 따라서 ACT는 과정기반 심리적 개입의 일종으로 볼 수 있다. 경험 많은 치료자들은 내담자가 보이는 양상을 항상 역동적으로 평가하고, 상황에 따라 ACT의 여러 과정 사이를 오가며, 고도로 과정 중심적인 방식으로 회기를 진행할 것이다. 회기 중에 내담자가 자신의 생각과 느낌이 가치 있는 행동을 추구하는 데 방해가 되는 것을 알아차리면서 끊임없이 모형의 **능동성**과 **개방성** 사이를 왔다 갔다 하는 패턴을 흔히 관찰할 수 있다. 그런 회기들은 사전에 계획되는 것이 아니라, 치료자가 바로 '현재 순간의' 속성을 치료 작업으로 가져올 때 만들어지는 것이다.

ACT는 프로토콜 형식으로도 제공할 수 있는데, 흔히 이 기법을 처음 접하는 사람들이 그렇게 시작한다. 맥락행동과학회Association of Contextual Behavioral Science, ACBS 웹사이트(www.contextualscience.org)에는 임상가 및 연구자가 개발한 많은 프로토콜 목록들이 있다. 여기에는 특정한 문제(예: 만성 통증, 체중관리, 정신병, 외상 등)를 대상으로 한 것도 있다. 각 프로토콜에는 특정한 문제에 상응하는 **특별한** ACT 접근법은 없다는 설명이 명시돼 있다. 프로토콜은 단지 특별한 문제나 당면 현안에 대한 심리적 유연성과 관련된 과정에 초점을 맞춰 여러 기법과 전략을 활용하는 **일반적인** ACT 접근법일 뿐이다. 따라서 ACT 프로토콜은 일반적인 개입 전략의 한 예로 볼 수 있다. ACT 접근법을 특정한 현안에 적용할 경우, 해당 맥락과 집단의 요구와 자원에 맞춰진 특별한 개입을 포함할 수 있다. 결과적으로는 ACT를 반복하면서 매우 다양한 변이가 생기게 된다. 기본 가정과 목적은 같아도 각 ACT 회기 **사이에** 변이가 생기는 것이다. 게다가 대부분의 프로토콜은 유연하게 적용할 수 있게 제작됐다. 일단 우리가 치료자의 진료실이나 코치의 상담실 안에 들어가면 프로토콜 **내에서** 변이가 생길 것이다. 치료자의 창의성, 내담자의 개인적 차이, 환경과 관련된 맥락적 이슈 같은 요인이 모두 모형의 다양한 측면을 각기 다르게 강조하며 영향을 끼칠 것이다.

고도로 과정 중심적으로 ACT를 시행하는 것과 그와 정반대로 고도로 프로토콜 중심적으로 ACT를 시행하는 것은 연속선상의 양 끝으로 바라볼 필요가 있으며, 치료자는 그 연속선상에서 ACT 시행과 관련된 다양한 맥락적 요인에 따라 움직이게 된다.

78

회기 중 기능분석의 활용
USING FUNCTIONAL ANALYSIS IN SESSION

ABC 분석에서는 선행조건, 행동, 결과의 체인chain을 정리하는 것을 회피 같은 구체적인 행동에 적용하지만, 현실에서는 늘 이러한 사건의 체인이 펼쳐진다. 이는 사람의 모든 상호작용에서 매우 복잡하고 유동적인 방식으로 나타나며 ACT 회기도 예외는 아니다. ACT 치료자와 내담자는 계속해서 상대방의 행동에 변화를 가져오는 방식으로 선행조건과 결과에 영향을 끼칠 것이다. 예를 들어 치료자는 탐색적 질문을 던지고(A), 여기에 대해 내담자는 감정을 명백히 드러내며 솔직하게 대답한다(B). 치료자는 내담자의 반응에 감동 받아 내담자가 기꺼이 솔직함과 취약성을 드러낸 것에 감사를 표한다(C). 이러한 사건은 회기 전체에 걸쳐 끊임없이 왔다 갔다 하는 방식으로 벌어진다. 위의 예에서 치료자의 반응(C)은 분명 내담자에게 특정한 기능을 발휘할 것이다. 혹자는 치료사가 내담자가 기꺼이 취약성을 드러내는 것을 의도했다고 생각할 수도 있다. 내담자는 치료자가 감사를 표한 것을 강화로 경험할 수 있으며, 기꺼이 더 많은 취약성을 드러내는 방향으로 그와 유사한 움직임의 빈도를 늘릴 수 있다. 하지만 의도와 기능은 다르다. 내담자는 학습 이력에 따라 치료자의 반응에 불편함을 느낄 수도 있으며, 그 결과 취약성을 드러내는 어떤 움직임도 보이지 않을 수 있다.

주의 깊고 사려 깊은 치료자는 늘 치료적 상호작용 안에서 이 과정을 잘 알아차릴 것이고, 이런 식의 역동적인 회기 내 ABC 분석은 매우 유용하게 개입을 인도할 수 있는 도구가 될 수 있다. 치료자로서 우리는 내담자의 행동을 변화시키지 않는다. 그것은 그들의 역할이다. 우리의 역할은 내담자가 자신의 행동을 더 쓸모 있거나 유용한 방식으로 변화시키기 바라면서 그 선행조건과 결과를 변화시키는 것이다.

앞의 예로 돌아와서, 치료자가 내담자의 '개방성'(39장 개방성, 알아차림, 능동성) 행동 레퍼토리를 확대하는 것을 돕는 것을 목표로 했다고 가정해 보자. 더 개방적인 태도로 행동한 것에 대해 감사를 표하는 것이 욕구기능으로 작용해서 그 행동을 더 자주 나타나게 할 것이라는 가정은 타당해 보인다. 하지만 그렇지 않을 때도 있을 것이다. 예를 들어 내담자가 뿌리 깊은 부정적 자기서사를 암시하는 학습 이력이나, 사람들은 진실을 말하지 않는다는 생각을 지니고 있다면, 치료자가 감사를 표하는 것은 강한 불신감을 불러일으킬 것이다. 따라서 치료자는 내담자의 반응을 모니터링하고 자신의 개입이 어떻게 이루어지고 있는지 측정하기 위해 기능분석 기술을 활용할 필요가 있다. 이는 **강화를 의도한** 말과 행동이 실제로 **강화 작용**을 하는지 확인하는 데 도움이 된다.

79

기능분석정신치료
FUNCTIONAL ANALYTIC PSYCHOTHERAPY

회기 중 행동에 기능분석을 적용한다는 아이디어는 기능분석정신치료 Functional Analytic Psychotherapy, FAP로 알려진 기법에서 공식화되고 구조화됐다(Kohlenberg and Tsai, 1991). ACT와 마찬가지로 FAP 역시 맥락행동과학계 안의 형제로 볼 수 있다. FAP는 자체적인 원리에 따라 ACT와 별도로 진행할 수도 있음에도 여기서 굳이 FAP를 언급하는 이유는, 바로 그 원리가 ACT의 시행을 강화하는 명확한 구조를 제공해 줌으로써 치료자가 ACT의 기능적 근원에 더 가까이 다가갈 수 있게 해 주기 때문이다.

FAP는 가장 심각한 심리적 문제는 대인관계에 반영된다는 관찰에 근거하여, 내담자의 심리적 어려움이 치료자와 내담자의 관계에서도 똑같이 나타날 가능성이 굉장히 높다고 가정한다. 아마도 이는 치료관계의 질이 정신치료의 결과와 매우 밀접한 관련이 있는 이유 중 상당 부분을 차지할 것이다(Ardito and Rabellino, 2011). 치료자는 치료적 상호작용을 통해서, 현장에서 유의미한 임상적 행동이 나타날 때 그 실례를 직접 다룰 수 있는 기회를 가진다. FAP는 내담자의 문제와 가장 밀접하게 관련돼 있어서 적응적 변화를 이루는 데 가장 부합하는 치료관계의 특징을 치료자가 다룰 수 있도록, 명확하고 간략한 지침 세트를 제공한다(Holman, Kanter, Tsai, & Kohlenberg, 2017). 이를 통해 관계의 역동에 대한 기능분석을 변화의 핵심 전략으로 활용할 수 있다.

FAP는 타인과의 진실된 관계가 현존하는 가장 강력한 강화제 중 하니이고, 치료관계는 강화를 통해 대인관계 행동을 조성할 수 있는 강력한 매개체가 될 수 있다고 가정한다. 확실한 것은 단지 다른 사람과 함께한다고 해서 회복이 이루어지지는 않는다는 것이다. 우리는 다른 사람이 필요로 하는 것을 놓치기도 하고, 다른 사람에 대한 우리의 자동적 반응이 유용하지 않은 행동 패턴을 강화하기도 한다. 예를 들어 누군가 당신의 치료 방식을 비판한다면 당신은 위축되거나 방어적으로 반응할 것이고, 이로 인해 상대는 당신을 더 매섭게 비판할 것이다. FAP는 내담자의 기능에 대한 주의 깊은 분석을 촉구하는데, 이를 위해 문제행동이 될 만한 것에 특별한 주의를 기울이거나 적응적 변화를 시사하는 모든 행동을 강화하도록 한다. 이 과정은 FAP의 5단계에 요약되어 있다.

1. 임상적으로 유의미한 문제행동/개선행동이 나타나기를 기다린다.
2. 임상적으로 유의미한 문제행동/개선행동을 유발한다.
3. 개선행동을 강화한다.
4. 회기 중 당신의 행동의 결과에 주목한다.
5. 회기 중 행동에 대한 기능적 해석과 내담자가 회기 밖에서 사용할 수 있는 일반화 전략을 적극 실행한다.

FAP의 원리에 대해 더 배우고 싶은 독자는 홀먼Holman 등(2017)이 쓴 『Functional Analytic Psychotherapy Made Simple』*을 참조하라.

---

* (역주)『치료관계의 혁신, 기능분석정신치료: 행동과학이 알려주는 인식-용기-사랑의 법칙』. 2019. 가레스 홀먼 외 지음. 나의현 외 옮김. 삶과지식.

80

모델링, 개시, 강화
MODEL, INITIATE, REINFORCE

ACT는 정신치료의 행동 모형으로서, 내담자가 행동을 실행에 옮기는 데 있어서 더 유용한 선택을 하도록 돕는 데 우선적인 관심을 둔다. 책의 앞부분에서도 밝혔다시피, 치료자는 행동을 직접 변화시키지 않는다. 치료자는 내담자가 선택하는 맥락에 영향을 끼친다. 모든 것은 선택의 선행 조건이나 결과에 따르게 되겠지만, 여기에는 다양한 선택지가 있다.

치료자와 내담자는 항상 어떤 행동을 개선의 대상으로 삼아야 할지 명확히 해야 한다. 우리는 유용하지 않은 '문제' 행동(물러나는 움직임의 레퍼토리에 포함될 가능성이 높음)과 유용한 '개선' 행동(다가가는 움직임)을 변별해야 한다. 이를 가장 잘하기 위해서는 협력적 과정을 통해서 어떤 행동이 가치에 부합하는지, 어느 영역에서 더 많이 행동해야 가치 지향적 삶의 시간을 늘릴 수 있는지 파악하는 것이다. 목표로 삼은 행동의 빈도를 늘리기 위해서 치료자는 다음의 세 가지 행동 계열을 중요하게 활용해야 한다.

1. **모델링**. 치료자는 내담자가 더 하기 바라는 행동과 직접적 혹은 기능적으로 동등한 행동에 참여함으로써 모델링modelling 한다. 치료 현장에서 개방성, 솔직함, 취약성을 나타내는 행동이 여기에 포함한다. 따라서 만약 당신이 내담자가 더 주의를 기울이는 것이 좋겠다고 생각한다면, 회기 중에 더 주의를 기울이는 것을 모델링하는 것이 가장 좋은 방법 중 하나다. 그 일환으로 당신의 감성을 알아차리거나

내담자에게 이를 알리는 방법이 있다(예: "그 말씀을 들으면서 슬픈 감정이 들었습니다.").

2. **개시**. 이는 내담자가 회기 중이나 밖에서 행동을 개선할 수 있는 기회를 만드는 것이다. 질문, 실험적 연습에 참여, 숙제를 협력적으로 해 나감으로써 이를 달성할 수 있다. 위의 예를 이어 간다면 이렇게 말할 수 있다. "우리는 당신이 감정을 회피해서 문제가 생긴 것을 같이 확인했는데요, 슬픈 감정이 느껴질 때 저에게 말씀해 주시면 어떨까요?"

3. **강화**. 일단 내담자가 행동을 개선한 것을 확인하면, (각 내담자에게 최적화된) 강화 자극을 제시함으로써 내담자가 그 행동을 더 자주 하게 할 수 있다. 시의적절하게 감사나 인정을 표현하는 것이 그런 강화의 좋은 예다(예: "그걸 저와 공유하시기 위해서는 용기가 필요했을 텐데요, 정말 감사합니다.").

치료자의 모든 행동은 기능과 맥락에 따라 위의 세 가지 중 하나로 기능할 수 있다. 어떤 것도 본질적으로 다른 것보다 더 낫지 않으며, 무엇을 선택할지는 상황에 따라 달라진다. 치료자는 ACT를 시행하는 매 순간마다 어떻게 하면 더 기능적인 선택을 가장 잘 촉진할 수 있을지 끊임없이 결정해야 하며, 내담자마다 위의 세 가지 전략의 상대적 비중은 각기 다를 것이다.

81

치료자-내담자 간의 등위성 증진
PROMOTING PRACTITIONER-CLIENT CO-ORDINATION

심리적 도움을 받으려고 전문가를 찾아가는 것은 종종 굉장히 주눅 드는 경험이 될 수 있다. 따라서 ACT 치료자의 우선적 임무 중 하나는 내담자의 안전감을 촉진하는 것이다. 내담자가 치료자에게 전문가의 역할을 맡긴 채 비교준거구성틀comparative frame of reference을 통해 자신을 열등한 존재로 바라보는 한, 둘 사이에는 일관되게 힘의 불균형이 생긴다. 우리가 이러한 인식을 없앨 수는 없지만, 위계를 '평평하게' 하고 동등함을 더 많이 느낄 수 있게 행동함으로써 내담자가 치료자와 관계 맺는 방식에 새로운 것을 더할 수 있다.

우리는 이 책에서 ACT는 **사람의 기능**에 대한 모형이며 그 원리와 과정은 내담자와 치료자 모두에게 동일하게 적용된다고 말한 적이 있다. 확실히 ACT를 실행하는 데 치료자와 내담자는 저마다의 역할이 있고, 전문적 경계는 내담자를 받아들이고 안전을 확보하는 데 중요하다. 하지만 동시에 치료자는 보편적 인간성을 공유하기 위한 작업도 시작해야 한다. 그중 일부는 모형에 대한 기술적 지식과 더불어 경험적 지식을 함께 활용해야 달성할 수 있다. 은유적으로 얘기하자면, 당신이 기타를 배우기 위해 강사를 선택해야 한다고 상상해 보라. 당신이 찾는 사람의 기준은 무엇인가? 매일 기타를 연주하는 사람과, 기타를 연주해 본 적 없이 음악 이론과 기타의 구조만 꿰뚫고 있는 사람 중에서 누구를 선택할 것인가? 물론 이론과 연주에 모두 능통한 사람을 선택하는 것이 최선이겠지만, 그런 사람을 찾기는 어려울 것이다. 말만 번지르르하게 하는 치료자보다는 몸소 실천하는 치료자가 더 많은 도움이 될 것이다. 치료자는 내담자에게 권하는 것과 똑같은 경험을 기꺼이 하려는 의지를 몸소 보여 줌으로써 강력한 형태의 모델링을 시행할 수 있다.

이 책에서 다루지 않은 ACT 연습과 기법이 많이 있다. 치료자는 과정을 탐색하는 어떤 기법이든 ACT에 부합하는 방식으로 사용해야 한다. 이를 위해 치료자는 연습에 함께 참여하고 '모형을 모델링하는 modelling the model' 수단으로 자기개방을 신중히 활용함으로써, 내담자와 긴밀한 등위성을 쌓아야 한다. 이러한 유형의 협업은 모두 치료관계의 핵심 구성 요소인 신뢰와 친밀감을 촉진한다(Villatte et al., 2016).

치료자는 또한 과학적 설명이나 조언, 자신의 실력을 강조하는 등의 '전문가적' 행동을 자제해야 한다. 동등함을 강조하면 내담자가 치료자와 협력하고 전문성을 나누고 '같은 처지에서' 함께 나아간다는 느낌을 지니게 할 수 있다.

82

말보다 행동
DOING OVER TALKING

벤자민 프랭클린Benjamin Franklin은 이런 명언을 남겼다. "말하면 잊어버린다. 가르치면 기억한다. 참여하면 배운다." 이 말은 흔히 경험학습 기법을 홍보하는 모토로 사용된다. 우리는 바로 이러한 프랭클린의 격언을 그대로 반복하고자 한다.

ACT는 경험학습을 매우 중시하는데, 그 이유는 경험학습이 기능맥락주의와 RFT의 원리에 부합하기 때문이다. 내담자에게 말로 개입을 설명하는 것이 어느 정도는 유용할 수 있겠지만, 내담자가 경험과 직접 더 많이 접촉하는 데는 별로 도움이 안 된다. 노출을 예로 들면, 내담자가 불안이 느껴지는 행동을 하는 이유를 이해하는 것은 중요하다. 하지만 내담자에게 노출기법이 작용하는 원리를 가르치는 것이 **실제로 노출 연습을 하는 것만큼** 중요하지는 않다. 가르치기만 하는 것은 **마땅히 해야 할 일로 여겨질** 수 있어서 응종應從pliance이나 언어 규칙을 그대로 따르도록 촉진하는 경향이 있다(Villatte et al., 2016). 내담자가 그저 치료자로부터 인정받기 위해 노출 임무를 수행한다면 별로 도움이 안 될 것이다. 이때 내담자는 자신의 경험을 스스로 관찰하고 결정을 뒷받침할 수 있는 방식보다는, 단지 자신이 잘하고 있는지에만 관심을 가질 것이기 때문이다.

내담자는 전문가를 찾아가기 전부터 이미 많은 규칙을 지니고 있다. 애초에 내담자가 지나치게 많은 규칙과 이를 꼭 지켜야 한다는 경직성 때문에 도움을 구해야 할 지경에 이르렀다고 볼 수도 있나. 따라서 치료자가 말하고, 가르치고, 조언함으로써 더 많은 규칙을 추종하도록 촉진하는 것은 도움이 되지 않는다. 대신 치료자가 **추적**을 장려하는 것이 더 효과적이다. 추적은 자극과 사건 간의 기능적 관계를 관찰하고 기술하는 것을 배우는 과정이다. 예를 들면 두려워하는 상황을 회피하지 않거나 안전추구행동을 하지 않은 채 더 오래 있을수록 불안이 어떻게 되는지 알아차리는 것이 있다. 이러한 유형의 학습은 강화제와의 접촉 여부에 따라 규칙을 따를지 말지 결정하게 해 준다. 추적이 효과적으로 되고 있다면, 학습을 통해 개발한 어떤 규칙도 지속적으로 수정하고 업데이트할 수 있다.

벤자민 프랭클린은 RFT에 대해 아무것도 몰랐지만, 누군가를 경험적 형태의 학습에 참여시키는 것이 맥락에 더 잘 적응하게 한다는 것을 명확히 알고 있었기에, 언어 규칙에 의존하기보다는 직접 경험에 관심을 가지도록 장려했다. 규칙을 따르는 것은 맥락감수성context sensitivity을 현저히 감소시킬 수 있기 때문에, 치료자가 내담자에게 말로 지시하기보다는 직접 경험을 모델링·개시·강화하는 것이 더 도움이 된다.

83
형태보다 기능
FUNCTION OVER FORM

9장(기능 vs 형태)에서는 사건의 기능과 형태를 변별하는 법을 소개했다. 끊임없이 생각과 행동의 '기능이 뭘까?'라는 질문을 되새기는 것은, 단지 그것들을 기술하는 방법에 그치지 않고 그 작동 방식에 초점을 맞추는 데 유용하다.

똑같아 보이는 생각과 행동도 다른 사람에게는(혹은 똑같은 사람이라도 다른 경우에는) 똑같이 기능하지 않는다는 것을 명심하라. 이는 모든 치료자에게 어려움을 야기한다. 치료적 상호작용에서 유머를 사용하는 내담자를 생각해 보자. 유머는 인간관계의 바퀴가 잘 굴러가게 해 주는 중요한 것 중 하나이며, 다른 사람과 친밀감을 쌓을 수 있는 기회를 만들 수도 있다. 따라서 내담자가 유머를 사용하는 것은 치료자와 유대감을 쌓기 위한 것일 수 있다. 하지만 유머가 전혀 다른 기능을 하기도 한다. 예를 들어 내담자가 치료자의 관심을 고통스럽거나 불쾌한 경험으로부터 다른 데로 돌리기 위해 유머를 활용한다면, 이는 매우 회피적인 작용을 하는 것이다. 어떤 행동이 특정한 방식으로만 기능한다고 가정하기보다는, 그것이 다양한 방식으로 기능할 수 있는 가능성을 열어 두는 것이 더 유용하다. 따라서 항상 '기능이 뭘까?'라는 질문에서 눈을 떼지 않는 것이 중요하다.

치료자가 기능/형태를 변별하는 데 생각과 느낌을 기울이는 또 다른 경우는 새롭거나 도전적인 상황에 직면했을 때다. 전에 한 번도 다뤄 보지 않은 임상 양상을 지닌 내담자를 의뢰받거나, 내담자가 진혀 예상치 못한 방식으로 반응할 때가 이런 경우에 해당한다. 만약 우리가 처음 보는 증상을 호소하는 내담자를 볼 때 형식에만 초점을 맞춘다면, '나는 이런 진단에 대한 경험이 없기 때문에 아무것도 해 줄 게 없어.'라고 걱정하고 있는 것을 쉽게 느낄 수 있다. 하지만 내담자의 증상의 맥락에 따른 생각과 행동의 기능에 초점을 맞춘다면, 자신이 생각보다 거기에 더 익숙하다는 것을 깨달을 수도 있다. 예를 들어 파티 초대를 거절하기, 정신활동성 약물 사용, 주의산만, 자해는 모두 회피 기능을 하는 행동의 예다. 굉장히 다른 형태처럼 보이는 생각, 행동, 양상도 기능적 관점으로 보면 동일한 기능계열에 속할 수 있다. '내담자가 이런 말은 안 하기 바랐는데, 이제 어떻게 해야 할지 모르겠어!' 같은 생각이 들게 하는 예상치 못한 내담자의 행동에 대해서도 동일한 원리가 적용된다. 내담자가 말한 내용(형태)보다는 그것이 전달하는 것(기능)에 더 초점을 맞춰야 한다.

84

내용보다 맥락
CONTEXT OVER CONTENT

2동향 CBT는 거의 50년 이상 이어져 왔다. 그 핵심 개념은, 생각이 달갑지 않으면 생각을 변화시키는 작업을 해야 한다는 것이다. 이러한 아이디어는 점점 더 주류가 되어 갔고, '긍정적으로' 생각하는 것이 이롭다는 문화적 믿음에 기여했다. 치료자로서 우리는 내담자가 자신에 대해 우리가 동의하지 않는 '부정적인' 말을 할 때 강한 반응이 들고, 그에 반박하거나 이의를 제기하고 싶은 충동이 드는 것을 알아차릴 수 있다. 예를 들어 자기수용과 관련된 이슈를 지니고 있는 내담자는 가혹한 언어를 사용해서 자신을 폄하할 수 있고, 우리는 여기에 대해 반박하거나 내담자가 자신을 좋게 볼 만한 자질을 전부 늘어놓으려는 충동을 절박하게 느낄 수 있다. 이러한 충동은 전문가로서의 훈련이나 문화적 영향 모두를 통해 강화될 수 있다. 치료자는 처음에 자비로운 마음으로 그런 말을 시작하겠지만, 사려 깊게 전달하지 않으면 내담자는 인정받지 못하는 느낌이 들 수 있다. 생각은 언어행동이기 때문에, 생각을 조성하기 위해서는 그 선행조건과 결과에 영향을 끼치면 된다. ACT는 생각의 내용을 변화시키는 데 관여하기보다는 생각이 나타나는 맥락에 초점을 맞춘다.

'나는 쓸모없어.'라는 생각을 경험하는 것을 상상해 보자. 맥락을 모른 채 이 생각이 나타난 사건만 가지고는 행동을 예측하거나 영향을 끼칠 수 있는 여지가 거의 없다. 하지만 생각이 나타나는 맥락은 생각이 기능하는 방식에 현저한 영향을 끼칠 수 있다(Marshall et al., 2015). 만약 당신이 성공하기 위해서는 긍정적인 생각을 해야 한다고 믿기 때문에 자신이 느끼는 결함을 허용하지 않는 맥락에서 그런 생각을 경험한다면, 당신은 '나는 쓸모없어.'라고 생각하는 것 자체를 문자 그대로 실패의 증거로 볼 것이다. 그런 뒤에는 경험적으로 회피행동 패턴을 통해서 이러한 생각을 회피하고, 통제하고, 억제하려고 애쓸 것이다. 이런 식으로 그리고 이런 맥락에서, 그 생각은 당신의 행동에 강력한 영향을 끼치며 웰빙에 부정적으로 작용한다. 어쩌면 당신은 사람은 모두 실수할 수 있고 이따금씩 불편한 생각을 경험하기 쉽다는 것을 인식하면서, 아까와 똑같은 생각을 수용과 자기자비의 맥락에서 경험할 수도 있다. 이런 맥락에서 '나는 쓸모없어.'라는 생각을 경험한다면 더 수월하게 심리적 거리를 많이 둘 수 있을 것이고, 생각이 행동과 웰빙에 끼치는 영향은 줄어들 것이다. 궁극적으로 가장 중요한 것은 내용이 아니라 맥락이다.

재즈 음악가 마일즈 데이비스Miles Davis는 이렇게 말했다. "당신이 어떤 음을 '잘못' 연주하면, 다음에 이어지는 음에 따라서 처음의 음이 좋아질 수도 있고 나빠질 수도 있다." 이는 음악에서 맥락의 중요성을 확실히 인정한 것이다. 맥락은 치료적 상호작용에서도 중요하다. ACT 치료자의 한 가지 임무는 수용과 탈융합 과정을 통해 내담자가 자신의 생각을 경험하는 맥락에 영향을 끼치는 일에 끊임없이 초점을 맞추고, 도움이 안 되는 내용적 논의에 빠져들지 않게 하는 것이다.

85

진실보다 실용주의
PRAGMATISM OVER TRUTH

우리가 내용에 대한 토론에 빠져드는 것과 더불어, 일관성에 대한 우리의 열망(16장 일관성)은 자연스레 객관적 진실 혹은 **본질적 일관성**essential coherence을 추구하게 한다. ACT의 기능맥락주의적 의도를 고려할 때, 치료자가 이를 잘 다루지 못하면 문제가 될 수 있다. 앞서 언급한 것처럼 ACT의 철학에 따르면 객관적 진실이란 없기 때문에, 치료자는 내담자가 **기능적 일관성**functional coherence을 개발하는 데 초점을 맞춰야 한다. 여기에는 어떤 선택이 자신에게 효과적인지 알아차리고 추적하는 것도 포함된다. 이를테면 자신의 행동을 조성하고 영향을 끼치는 생각을 파악하는 것이다.

객관적 진실에 대한 논의는 종종 그런 진실이 실제로는 결코 성립될 수 없다는 점에서 문제가 될 수 있다. 당신이 번개에 맞는 것을 끔찍하게 두려워한다고 상상해 보라. 번개 치는 것에 대한 생각은 실제로 당신을 괴롭히고 당신의 행동에 영향을 끼칠 것이다. 당신은 나름 합리적으로 이렇게 생각할 수 있다. '내가 번개에 맞을까? 번개 맞을 확률은 얼마나 될까?' 혹은 심지어 '나는 번개에 **맞게 될 거야**.'라고 생각할 수도 있다. 만약 우리가 진실을 찾아낸다면, 그것이 일어날 **가능성**을 완전히 배제할 수는 없더라도 **확률**에 입각한 논의를 할 수 있을 것이다. 당신의 마음은 번개 맞는 것이 그 상황에서 진실이기 때문에 그에 해당하는 가능성을 확 움켜쥘 것이다. ACT에서는 "그게 도움이 되나요?"라고 물어보는 것이 "그게 사실인가요?"라고 물어보는 것보다 더 중요하다. 따라서 ACT 접근법은 당신의 행동을 지시하는 데 있어서 번개 맞는 생각을 허용하는 것이 유용한지에 대해 더 고려할 것이다. 이는 학습 이력에 따라 당신의 마음이 번개 맞는 것을 생각하고, 당신은 그것을 거의 통제할 수 없다는 것을 수용하는 것과 같다. 이는 또한 번개 맞는 것에 대한 생각을 하는 **동시에** 당신이 삶에서 정말 하고 싶었던 것을 생각하고 그것을 이루기 위해 노력하도록 격려하는 것이기도 한다. 그런 생각이 나타날 때 가장 도움되는 대처 방식을 추적함으로써 기능적 일관성을 촉진할 수 있다. 이런 식으로 ACT는 고통스러운 생각의 진실성보다는 그런 생각에 대한 행동 반응에 훨씬 더 실용적인 초점을 맞추고 강조한다.

    ACT 치료자는 실용성에 초점을 맞춰야 한다는 앞의 요지와 일관되게, 객관적 진실을 찾기보다는 생각에 다양하게 대응하는 것이 어떤 기능을 하는지에 대한 논의로 이끌어야 한다. 도움이 될 만한 질문으로 다음과 같은 것들이 있다.

- 그런 생각이 들면 다음으로 뭘 하나요?
- 그다음에 무슨 일이 벌어지죠?
- 그렇게 대응하는 것은 당신이 원하는 삶에 더 가까워지는 데 도움이 되나요, 아니면 더 멀어지게 하나요?
- 지속적으로 그렇게 대응하는 것이 장기적으로 당신에게 도움이 될까요, 아니면 더 해가 될까요?

86

더하면서 작업하기
WORKING BY ADDITION

　RFT는 사람이 자극들 사이의 관계망을 구축하는 데 놀라운 능력이 있다고 말한다. 우리는 모든 것을 모든 것과 수없이 복합적인 방식으로 관련지을 수 있다(14장 다양한 연관 짓기 방식). 우리는 삶을 살아가면서 자극을 우리의 관계망에 추가하는 일을 자동적으로 계속한다. 만약 당신이 이 책을 한 장chapter 한 장 차례대로 읽었다면 이를 경험했을 것이다. 이 책에 나온 개념이 당신이 ACT 혹은 더 일반적으로 다른 심리적 개입에 대해 이미 알고 있는 내용들에 더해졌기를 바란다. 이 과정에서 더 흥미로운 부분은, 우리의 학습 역량에 한계가 없는 것 같아도 **학습을 되돌리는**unlearning 심리적 과정은 알려져 있지 않다는 것이다(Villatte et al., 2016). 18장(통제라는 환상)에 나온 '메리는 작은 _____ 을 가지고 있다.'를 기억하는가? 아마 당신에게 중대한 신경학적 문제가 없다면 죽기 전까지 그 문장 안에 '양'을 넣는 날이 올지도 모른다. 소거나 망각과 같은 과정이 이미 확립된 반응 패턴을 약화시킬 수 있지만, 행동은 우리의 레퍼토리에서 저절로 '사라지지' 않는다. 생각은 언어행동의 한 유형이기 때문에, 우리가 구축하는 관계망 역시 저절로 사라지지 않는다.

　우리가 내담자와 맺는 친밀한 치료적 상호작용의 맥락에서 보면, 이는 고통의 근원이 될 수 있다. 당신이 맡게 된 내담자가 항상 자기감을 무가치감과 연결하는 것을 아는 것과, 그런 관계를 끊기 위해 당신이 할 수 있는 개입이 없을 것이라는 생각은 모두 당신을 고통스럽게 할 수 있다. 이는 ACT가 내담자에게서 어떤 것도 빼지 않는다는 면에서 수용의 핵심을 꿰뚫는다. 사람의 뇌를 '빼기'나 '나누기'가 없는 계산기로 생각하는 은유가 도움이 된다. 생각을 없애거나 학습된 행동 패턴을 잊게 만들려는 전략은 최선이 아니다. 생각에 대한 개입에서는 특히 더 그렇다. 상대적으로 행동은 억제할 수 있지만(예: 몇 시간 동안 식사를 늦춤), 생각을 억제하는 것은 극도로 힘들기 때문이다. 치료자로서 우리의 임무는 '더하기'나 '곱하기' 버튼을 잘 누르는 법을 찾아내고, 내담자의 관계망에 무엇을 **추가할** 수 있을지 고민하는 것이다. 우리는 과거 유용하지 않았던 생각이 발생한 맥락을 변화시키거나, 그 기능을 변형하기 위해 내담자의 상징적 관계망에 무엇을 더하는 것이 가장 좋을지 생각해 볼 수 있다. 많은 ACT 개입은 위의 방법 중 하나 혹은 둘 다의 방식으로 작동한다. 이를테면 내담자가 힘들어하는 내용(예: '나는 실패자야.')의 끝부분에 말을 추가해서 '나는 [나는 실패자야]라는 생각을 하고 있어.'로 변형을 유도하는 탈융합 연습이 있다(57장 '나는 … 라는 생각을 하고 있다.'). 생각을 '관찰하는 자기'라는 더 넓은 맥락에 놓음으로써 그 영향력을 약화시킬 수 있다.

87

행동을 줄이기보다 늘리기
INCREASING BEHAVIOUR OVER REDUCING BEHAVIOUR

앞장에 나온 뺄셈이 아닌 덧셈을 통해 작업하는 내용을 깊이 고려한다면, ACT 치료자는 내담자의 행동 변화를 유도하는 자신의 가치나 동기를 자세히 살펴봐야 한다. 많은 의료 시스템이 '증상 감소'에 가치를 두고 이를 중심으로 결과를 측정하지만, 치료자는 내담자가 어떤 것도 **소홀히** 여기지 않기 바라는 입장을 취하는 것이 좋다. 간혹 어렵고, 고통스럽고, 도움이 안 되는 것을 지나치게 더 적게 생각하고, 느끼고, 행하려고 할 때가 있다. 예를 들어 많은 정신건강 평가 프로토콜은 '문제'를 감소시키려는 목적으로 문제의 양상을 기술하는 데 초점을 맞춘다. 만약 우리가 다른 관점을 취해서 내담자가 더 많이 할 수 있는 것에 중점을 둔다면 이는 어떤 모습일까? 우리의 경험에 따르면, 내담자의 행동 레퍼토리에 무엇을 추가할 수 있을지에 대한 생각으로 초점을 옮기면 새로운 가능성이 나타난다. 단순히 삶의 한 부분에 대한 소리를 줄이기보다는, 의미와 목적에 대한 소리를 키움으로써 논의를 더 활성화할 수 있다.

개인적인 예를 들면, 우리는 모두 ACT를 접하기 전에 2동향 CBT 기법, 그 중에서도 특히 인지치료와 합리정서 행동치료 훈련을 받았다. 우리는 모두 배우는 것과 다른 이를 돕는 것에 가치를 두고 있다. 우리가 ACT를 접했을 때를 떠올려 보면, 우리는 그것을 더 폭넓은 CBT 전통 속에서 발전한 것으로 받아들였다. 우리는 반짝이는 새로운 것에 뛰어들고 싶은 유혹도 들었지만, 과거에 배운 것을 어떻게 하면 잘 잊어버릴 수 있을지에 집중하는 것보다는 우리가 가진 행동치료 레퍼토리에 ACT 기법을 최선의 방법으로 차근차근 추가하는 방법을 깊이 생각하는 것이 훨씬 더 도움이 됐다.

ACT 치료자가 내담자의 행동에 대해 취하는 방법도 이와 다르지 않다. 줄이는 것보다는 늘리는 것에 중점을 두는 것이 치료적 상호작용의 다양한 단계에 영향을 끼칠 수 있다. 평가 단계에서는 내담자를 힘들고 고통스럽게 하는 삶의 측면만큼이나 의미와 목적을 가져다주는 부분에 대해서도 많이 알려는 열망을 가져야 한다. 이렇게 얻은 정보는 회기에서 추구하는 가치의 방향을 정립하는 데 도움이 될 수 있다. 개입 단계에서는 내담자에게 별로 유용하지 않은 행동을 명시적으로 감소시키기보다는(비록 결과적으로는 이러한 행동이 줄어들기는 하겠지만), 적응행동 레퍼토리를 확장하는 데 중점을 둔다. 마지막으로 개입 결과 측정에서, ACT 치료자는 감소를 증명하기 위해 증상 중심 척도를 거의 사용하지 않는다. 그 대신 수용과 행동 질문지-II Acceptance and Action Questionnaire-II (Bond et al., 2011) 같은 척도를 통해 심리적 유연성을 늘리는 데 더 중점을 둘 것이다.

88

목표보다 가치
VALUES OVER GOALS

ACT 치료자가 감당해야 할 또 다른 어려움은, 고정된 목적지(예: 목표)보다는 가치 지향적 방향에 계속 초점을 맞춰야 한다는 것이다(32장에 나온 나침반 은유를 보라). 목표를 추구하는 것과 융합되면 애초에 그 목표를 추구하게 한 가치를 희생하는 경우가 종종 있다. 이전까지는 손쉽게 즐겼던 활동을 더 이상 못 하게 만드는 아주 큰 사고나 질병을 경험한 상황에서의 건강심리학이 그 예에 해당한다. 그것을 하지 못하면 더 이상 그전까지의 자신이 아니라는 믿음과 융합되고, 자신이 해 왔던 것들을 다시 하는 것에 집착하기 쉽다. 이전까지 해 왔던 활동을 똑같은 방식으로 즐기지 못하는 것은 의심의 여지없이 어려운 상황이며 아마도 상당한 감정적 고통을 유발할 수 있지만, 그보다 더 중요한 것은 특정한 활동 자체보다는 가치를 향해 계속 움직이는 것이다.

당신이 가족과의 유대감에 가치를 두고 가족과 함께 해변으로 가는 것을 상상해 보라.* 당신 가족은 썰물일 때 일찍 도착해서 여유가 있다. 당신네는 물가로 바싹 다가가 자리를 잡고, 함께 치고 달리기 게임을 하며 종종 바다로 공을 날려 버리기도 할 것이다. 밀물이 들어오기 시작할 때까지 온가족이 게임에 참여하고, 해변에는 더 많은 사람들이 모여들어서 놀 수 있는 공간이 점차 줄어든다. 당신 가족이 치고 달리기 게임을 계속하

---

* 이 아이디어는 피터 블랙번Peter Blackburn이 암 진단을 받은 내담자와의 대화에서 했던 은유를 기반으로 한 것이다.

기 위해서는 해변에서 더 위쪽으로 자리를 옮겨야 한다. 이 과정은 여러 차례 반복될 수 있고, 시간이 지날수록 사용할 수 있는 공간이 줄어듦에 따라 당신 가족은 다른 활동으로 바꿔서 놀아야 한다. 하루가 끝날 무렵 당신은 해변이 너무 붐벼서 근처에 있는 카페를 찾아 가족과 함께 식사를 하기로 결정한다. 해변에서 좋은 하루를 보내는 공식이 무엇인지 자신에게 물어보라. 특정한 활동이 전부인가, 아니면 시시각각 변화하는 주변 맥락에 따라 유연하게 활동을 변화시키며 가족끼리 유대감을 느끼는 것인가? ACT 치료자는 가치 지향적 목표를 추구하고 처음 그 목표에 의미를 부여한 가치가 흐릿해지지 않도록, 목표뿐만 아니라 가치에도 일관되게 관심을 기울여야 한다.

89

가치가 규칙이 되지 않게 하기
ENSURING VALUES DO NOT BECOME RULES

ACT에서 가치의 개념은 치료자와 내담자 모두에게 굉장히 매력적으로 다가올 수 있다. 우리의 경험에 따르면, 내담자의 장점을 명시적으로 끌어내고 본질적으로 의미 있는 아이디어와 연결하는 것을 추구하는 정신치료 모형은 치료자와 내담자 모두에게 강력한 경험이 될 수 있다. 일부 기법에서는 치료적 만남이 문제로 포화된 상태에서 이루어지기 쉽지만, ACT 치료자는 가치에 초점을 맞추는 것부터 시작하는 경우가 많다. 하지만 이로 인한 에너지와 열정이, 치료자나 내담자는 그저 내담자가 중요시하는 것을 파악하고 끈질기게 가치 중심적 행동만 추구하면 된다는 헛된 기대를 불러일으킬 수 있다. 이는 ACT의 핵심 과정인 심리적 유연성을 부정하기 때문에 덫이 될 수 있다. 이는 또한 가치의 핵심적인 속성 중 하나인 자유로운 선택도 부정한다. 내담자가 가치를 **추구해야 한다**고 믿기 시작하는 순간 대부분의 유연성과 선택이 증발하기 시작하고, 가치는 규칙에 더 가깝게 보이기 시작한다. 규칙 자체는 문제가 아니지만 경직되게 규칙을 따른다면 심리적으로 유연한 태도를 지니지 못하고, 결과적으로 행동의 레퍼토리가 더 늘어나거나 기능적으로 될 가능성은 떨어진다는 것을 명심해야 한다.

켈리 윌슨Kelly Wilson은 가치를 가볍게 잡으면서도 힘차게 추구해야 하는 개념으로 설명했다. 흔히 가장 기능적으로 가치를 존중하는 방식을 설명하는 것으로 펜을 잡는 은유가 있다. 펜은 나약하고 많은 맥락에서 굉장히 유용한 도구이며, 아주 적은 힘으로도 사용할 수 있다. 우리가 펜을 가볍게 쥐는 이유는 그래야 잘 쓸 수 있기 때문이다. 있는 힘을 다해 펜을 꽉 쥐면 손가락이 너무 굳어져서 펜을 못 쓰게 될 것이다. 가치도 가볍게 다뤄야 가장 유용하다는 측면에서 똑같이 작용함을 알 수 있다. 가치를 세게 고수할수록 유용성은 떨어질 것이다. 따라서 내담자와 치료자는 치료를 통해 내담자가 가치와 맺는 관계를 협력적으로 추적해야 한다. 가치 식별과 명료화가 ACT 과정에서 중요한 부분이기는 하지만, 기능적 선택이 어떤 모습일지 변별하는 법을 배우는 것이 더 중요하다. 내담자의 ACT 여정이 진행됨에 따라, 다가가는 움직임**과** 물러나는 움직임을 선택할 수 있는 자유를 지니고 두 행동의 결과를 추적하는 것이 점차 치료의 초점이자 회기 사이의 실천 사항이 된다.

90

은유 정하기
TARGETING METAPHORS

우리가 ACT를 처음 접했을 때를 기억한다. 우리는 책, 영상, 훈련 과정을 통해 다양한 '기성품' 은유들을 배운 것을 기억한다. 이것들을 내담자들에게 열심히 적용한 것도 기억한다. '고전적인classic' ACT 은유를 골라서 이런 식으로 사용하는 것 자체는 아무런 문제가 없다. 그것이 '고전적인' 이유도 바로 그 때문이다. 하지만 앞서 언급했다시피 형태보다 기능에 초점을 맞추는 것 또한 중요하다. 따라서 단순히 유명하거나 다른 내담자에게 효과가 있었다는 이유보다는, 특정한 기능 변환을 달성하는 데 초점을 맞춰 은유를 사용해야 한다.

효과적인 맞춤형 은유를 제작(혹은 공동 제작)하기 위해 지켜야 할 몇 가지 기본 원칙이 있다(더 자세한 사항은 [Törneke 2017]을 참조할 것). 첫째, 내담자에게 중요하게 기능하는 것을 은유의 대상(내담자 경험의 관련된 부분)으로 삼아야 한다. 둘째, 내담자가 자신의 경험을 은유적으로 인식할 수 있도록 은유의 재료(대상과 비교되는 개념)가 대상의 주된 특징과 맞아떨어져야 한다. 마지막으로, 내담자가 대상의 특징을 더 선명히 볼 수 있도록 은유의 대상보다 재료가 더 분명하고 뚜렷한 속성을 지니고 있어야 한다.

내담자와의 친밀도를 어떻게 하면 가장 잘 설정할 수 있을지 고민하는 피지도감독자supervisee와의 논의에서 위의 예를 적용하는 법을 살펴보자. 그녀는 전문가적 경계를 설정함으로써 안전을 유지하는 것과 사람들과의 관계에 가치를 두고 있었고, 이 둘의 균형을 어떻게 맞춰야 할지에 대한 확신이 없었다. 그녀는 자신이 올바른 균형을 유지할 수 없다는 생각에 고통스럽다고 했다. 여기서 은유의 대상은 자신이 지닌 가치들 사이의 균형을 이루고 싶은 피지도감독자의 바람이다. 은유는 어떤 그물을 써야 할지 결정하지 못하는 참치 어부의 이야기에서 따왔다. 어부는 참치를 최대한 많이 잡을 수 있으면서도 돌고래는 걸리지 않는 그물을 원했다. 그는 가장 적당한 크기로 그물코를 만들고자 했다. 피지도감독자와의 논의는, 완벽한 그물코 크기란 없으며 참치를 최대한 많이 잡을 수 있는 크기와 야생 해양 동물을 보존하기 위해 돌고래는 안 걸릴 수 있는 크기 사이에서 정해야 한다는 생각을 중심으로 진행됐다. 일단 피지도감독자가 완벽한 해결책이란 없음을 명확히 인식하자, 더 기꺼이 가치의 균형을 맞추기 위해 더 많은 직관을 활용하고 일률적 규칙보다는 개별 내담자와의 상호작용 맥락을 더 세심하게 고려하여 결정하려는 마음을 갖게 됐다.

치료적 과정에서의 이슈
ISSUES WITHIN THE THERAPEUTIC PROCESS

91

통제와 회피가 좋을 때
WHEN CONTROL AND AVOIDANCE MIGHT BE GOOD

"통제와 회피가 좋을 때는 언제인가요?"라는 질문에 대한 대답은, 좀 짜증날 수도 있겠지만 "맥락에 따라 다릅니다."이다. 기능맥락주의자는 맥락에 따라 다르다는 말을 완벽하게 납득할 수 있다. 즉 회피와 통제를 포함한 어떤 행동이든 그 기능을 이해하기 위해서는 먼저 맥락을 이해해야 한다.

ACT 모형이 심리적 유연성을 핵심 요소로 전면에 내세우는 것을 고려하면, 수용은 항상 **좋은** 것이고 통제와 회피는 **나쁜** 것으로 여기는 실수를 범하기 쉽다. 하지만 경험회피와 융합의 정의는 모두 이 과정들이 지나쳐서 가치를 향해 다가가는 움직임을 방해할 때만 문제임을 강조한다(19장 경험회피, 20장 인지융합). ACT는 행동의 지형보다는 그 기저에 있는 기능에 더 많은 관심을 지닌다는 것을 다시 한번 되새길 필요가 있다. 내담자가 가치 있는 행동을 실행하기 위해 통제 전략을 연습하는 것이 필요할 때도 있다. 발표를 하기 전에 확실하게 긴장을 풀기 위해 심호흡이나 마음챙김을 하는 것처럼 말이다. 이런 전략은 회피나 통제로 기능할 가능성이 높지만, 가장 중요한 것은 그것이 가치 있는 행동을 촉진할 수 있는가 하는 것이다.

또 다른 예를 들면, 대부분 상황에서는 긋기cutting를 통한 자해행동을 유용하지 않거나 해로운 것으로 평가하고 실제로도 그럴 가능성이 높다. 하지만 만약 아이를 둔 엄마가 달리 활용할 수 있는 기술이 없는 상황에서 감당하기 어려운 감정을 완화하기 위한 수단으로 자해를 사용하고 있다면, 그녀는 입원하지 않고 아이들을 돌볼 수 있다(즉, 가치를 향한 실천). 이는 적어도 부분적으로는 효용성 있는 통제라고 볼 수 있다.

치료자는 내담자가 시간이 지나면서 전반적으로 혐오통제에 따르는 행동에서 욕구통제에 따르는 행동으로 이동할 수 있도록 점진적으로 기술을 조성하면서 행동을 강화할 수 있다. 이러한 태도는 회피와 통제를 절대적으로 나쁜 것으로 간주하는 경직성에서 벗어나고, 회피와 통제에 따른 행동은 절대 하면 안 된다는 메시지를 전달하는 것을 피한다. 그런 메시지는 문제가 될 수 있는데, 첫째, 경직된 규칙을 따르게 함으로써 직접적 수반성에 덜 유연해지게 할 수 있다. 둘째, 정상적인 학습은 오래된 레퍼토리가 점차 소멸되고 억제되면서 그 위에 새롭고 더 성공적인 레퍼토리가 차곡차곡 쌓이는 점진적인 방식으로 일어난다(Craske et al., 2014).

ACT의 핵심 주제는, 내담자가 연습할 수 있는 행동통제 수준을 높이고 혐오통제에 따르는 자동적 행동의 양을 줄이도록 돕는 것이다. 하지만 내담자가 감정을 피하거나 생각을 통제할 때도 **있게 마련이다**. 이는 자동적 반응이 아닌 자유로운 선택에 따르는 것이다. 이럴 때는 내담자가 그런 반응을 선택한 것을 치료자가 강화해 주는 것이 유용할 수 있다. 내담자가 치료에서 특정한 주제를 일부러 얘기하지 않기로 선택하는 것도 이에 해당할 수 있다. 이것은 회피로 분류될 수도 있지만, 조성해야 할 핵심 행동 레퍼토리는 (특정한 선택 자체가 아닌) 효용성 있는 선택이다.

92

자기개방
SELF-DISCLOSURE

치료에서 자기개방은 언제나 까다로운 이슈다. 사려 깊게 사용하면 굉장히 유익할 수 있지만, 부주의하게 사용하면 해가 될 수 있다. 도움이 되는 자기개방의 황금율은 다음과 같다.

1. 어떤 자기개방이든 내담자의 이익을 최우선적으로 고려한 맥락에서 시행한다.
2. 조금이라도 의심스러우면 일단 보류한 뒤 슈퍼비전 때 상의한다.

그렇지만 어떨 때는 치료자의 자기개방이 치료에서 가장 강력한 순간이 되기도 하는데, ACT의 프레임워크에서는 더욱 그렇다. ACT는 사람이 씨름하는 생각과 느낌 자체가 문제가 아니라, 그것과 맺는 관계가 모든 문제의 근원이라고 본다. 우리가 내부의 내용과 씨름하고 있으면 내용 자체기 문제라는 생각을 강화하게 되고, 그런 내용을 제거할 수 있는 능력이 부족하면 잘 기능하고 있는 다른 사회 구성원과 동떨어진다(혹은 그렇게 될 것이라고 마음이 말한다). 치료자로서 우리가 씨름하고 있는 내용을 내담자에게 개방하는 것은, 내용이 문제가 아니라는 메시지를 전달하는 것이다.

자기개방을 구성하고 조직화하는 데 두 개의 산 은유를 사용할 수 있다.

당신은 계속해서 당신의 산을 올라가고 있습니다. 당신은 특히 빙판길에서 도움을 받으러 왔을 수도 있고, 아니면 자신을 다그쳐서 다음 단계로 나아가기를 바랄 수도 있습니다. 그리고 저 역시 여기 제 산에 있습니다. 정상은 아니어도 이 뾰족한 봉우리를 멋지게 정복하는 중인데요, 올라가는 중에 빙판길에 갇혀서 제가 더 잘하기 바라는 마음에 저를 다그치고 있습니다. 저는 제가 있는 산의 이곳에서, 당신이 빙판길을 빠져나오거나 다음 단계로 나아가는 데 도움이 될 만한 전문적 장비와 기술에 대한 여러 가지 아이디어나 당신의 여정에 대한 특별한 관점을 제시해 줄 수 있습니다. 저는 여기 제 산에 있기 때문에 당신의 산에 있는 당신에 대한 다른 관점을 보여 줄 수 있어요. 여기서 저는 당신이 명확하게 못 보는 것을 보게 될 수도 있습니다. 우리는 이런 관점을 당신이 힘겹게 쌓은 경험과 합칠 것이고, 이는 우리가 한 팀이 돼서 치료 작업을 하는 데 도움이 될 거예요.

우리는 내담자에게 위와 같이 말함으로써, 설령 특정한 생각과 느낌이 고통스러울지라도 그것들의 존재가 곧 내담자를 나머지 모든 사람들과 다르게 만드는 것은 아니라고 말한다. 이런 식으로 자기개방은 내담자와 치료자를 등위구성틀로 다룬다('**당신**과 **나** 모두 문제와 씨름하고 있다. 이 싸움은 정상적이고 인간적인 것이다.'). 크리스틴 네프Kristen Neff는 보편적 인간성의 메시지가 자비와 자기자비의 중요한 촉진제라고 얘기한다. 우리가 타인에게서 우리 안의 힘든 부분을 보게 되면 그런 것들과 씨름하는 양을 줄이게 되고, 이는 결과적으로 자신을 친절하게 대하는 길로 이어진다.

현재 순간의 경험을 반영하는 것에서부터(예: "당신이 지금 얼마나 아픈지 알게 되니까 당신에게 온정과 친밀함이 느껴지네요.") 씨름하기(예: "당신이 그 질문을 하니까 제 마음에서 정답을 알아내야 한다고 말하는 것을 느꼈어요.")에 이르기까지 다양한 수준의 자기개방이 있다. 집단 상황에서는 공동 진행자가 마음챙김 연습에 참여하는 자신의 성찰을 드러낼 수도 있고(예: "연습을 하는 동안 마음이 진짜 바쁜 것을 알아차렸어요."), 지난 한 주 동안 잘 실행하지 못한 가치기반 행동에 대한 피드백을 얘기할 수도 있다.

    치료자가 정신건강 이슈에 대한 경험처럼 더 무거운 주제로 씨름하는 것을 개방하는 경우는 더 드물다. 그런 개방은 아주 강력할 수 있지만, 이를 시행할 때는 이 장의 첫머리에서 제시했던 두 가지 사항을 매우 신중하게 고려해야 한다.

93

현재에 머무르기
STAYING PRESENT

우리 대부분은 저절로 현재에 머무를 수 없으며, 이를 위해 마음챙김 근육을 키우는 연습을 해야 한다. 이는 치료자가 치료를 시행할 때 '머리로 판단하는heady' 문제 중심적 경향을 지니고 있고, 전반적으로 마음의 **생각하기** 모드에 의존하기 때문이다. 치료는 공식화, 파악, 이해를 위해 우리의 기술을 활용하는 동시에, 다른 이와의 복합적인 감정 및 대인관계 움직임에 참여는 독특한 환경이다. 이 과정에서 때로는 상당한 수준의 고통을 경험하기도 한다. 따라서 우리가 종종 현재 순간에서 빠져나와 있는 자신을 발견하는 것도 그리 놀랄 일은 아니다! 이 모든 이유들로 인해, ACT 치료자로서 발전하기 위해서는 스스로 현재 순간에 머무르는 기술을 연습해야 한다. 정식 마음챙김이나 명상 연습, 마음챙김 과정 수료, 자기만의 비공식적인 연습을 활용해서 현재에 머무르는 기술을 갖춘 뒤에야, 현재 순간과 진정한 접촉을 할 수 있는 기술에 대해 경험에서 우러나온 얘기를 해 줄 수 있다.

이러한 기술을 당신의 개인적 경험으로부터 실제 치료로 가져오는 것이 중요하기 때문에, 이를 위한 습관과 루틴routines을 개발할 필요가 있다. 이러한 습관과 루틴은 당신이 가장 필요로 할 때 이 기술들을 활용할 수 있게 도와줄 것이다. 하루의 치료 스케줄을 점검하며 이를 위한 여분의 시간을 마련할 수 있는지 살펴보는 것도 방법이다. 만약 회기 사이 시간을 메모와 전화(혹은 다른 중요한 사회관계망 계정 확인)로 보내고 있다면, 1-2

분 정도의 조용한 시간을 확보해 보라. 호흡을 닻으로 활용하여, 다음 회기 시작 전에 현재 순간으로 돌아오기 위한 마음챙김 호흡을 할 수도 있다. 현재 순간으로 돌아오는 것을 상기하는 방법으로, 방 안에 물건이나 이미지를 두거나 메모지에 호흡이나 속도를 늦추라는 내용을 적어 놓을 수도 있다. 이런 기법들은 모두 현재 순간에 더 잘 머무를 수 있는 맥락을 제공해 줄 수 있다.

당연한 얘기지만, 중요한 것은 현재 순간에 존재하는 것 자체가 좋거나 나쁜 것은 아니라는 것이다. 이는 그저 우리가 이따금씩 융합되고 경험적으로 회피할 가능성이 적은 장소일 뿐이다. 이것은 ACT 치료자로서 우리의 가치와 선택 능력과 연결된다. 우리가 하는 행동이 가치와 얼마나 부합하는지 알아차리기 위해 정기적으로 점검하는 것은, 우리가 현재 순간과 접촉하는 것이 얼마나 필요한지 알려주는 유용한 바로미터가 될 수 있다. 가능하면 판단이나 자기비하로 자신을 괴롭히지 않고 친절하고 자비로운 방식으로 이 과정에 접근하는 것이 좋다.

94

치료자 융합을 알아차리기
AWARENESS OF THERAPIST FUSION

M. 스캇 펙M.Scott Peck의 유명한 자기계발서 『아직도 가야 할 길The Road Less Travelled』의 첫 문장을 바꿔 말하자면, 치료는 고되다.* 치료는 불확실성, 실수, 복합적 이슈, 고통으로 가득 차 있다. 치료는 두 사람 간의 강렬한 개인적 과정이 될 수 있고, 굉장히 의미 있으면서도 다른 한편으로는 외롭고 쓸쓸할 수 있다. 치료자는 놀라운 성장과 변화를 목격하는 한편 절망과 고통의 깊이도 보고 듣는다. 우리는 괴로워하고 갇혀 있는 사람들과 함께한다. 그들은 치료자가 자신의 상황이 얼마나 힘든지 알아주기를 간절히 소망하고, 자신의 상황이 근본적으로 변화되기 바란다.

대부분의 사람들, 특히 매우 높은 기준을 지닌 사람에게 위와 같은 시나리오는 생각과 융합되어 도움이 안 되는 반응을 일으키기에 딱 좋은 여건이다. 물론 생각과 융합되는 것은 전적으로 정상적인 것이며 치료 과정에서 예상되는 부분이기도 하다. 우리가 기대할 수 있는 최선은 생각과 융합되는 순간을 알아차려서 탈융합을 시행할 수 있는 기술을 개발하는 것이며, 이 과정에서 내담자에게 도움이 되는 것을 모델링할 수 있다.

다음은 우리가 치료 중에 융합되는 생각과, 그럴 때 보일 수 있는 행동의 일부다.

---

* (역주) 『아직도 가야 할 길』. 2011. M. 스캇 펙 지음. 최미양 옮김. 율리시즈.

조셉:

생각

'내가 뭘 하고 있는지 모르겠어.'

융합될 때 행동

지나칠 정도로 회기에 대비함

조용히 내담자가 회기를 주도하게 함

생각

'이 정도로는 부족해. 뭔가 더 해야 하거나 자격을 더 갖춰야 해.'

융합될 때 행동

창의적 연습을 함

회기를 너무 복잡하게 만들고 기본기를 잊어버림

리처드:

생각

'난 돌팔이야. 곧 내담자도 그걸 알게 될 거야.'

융합될 때 행동

전에 읽었던 연구 결과를 인용해서라도 똑똑해 보이려고 과잉보상함

지적인 방식으로 내담자의 상황을 얘기함

생각

'내 문제는 다른 사람들을 도울 수 없다는 거야.'

융합될 때 행동

집중력이 흐트러지고 내담자가 하는 말에 명확히 초점을 맞추지 못함

강의식으로 말하는 것이 늘고 경험적인 것이 줄어듦(화이트보드나 워크시트를 사용하기 시작함)

위의 목록을 훑어보면, 모두 나쁜 것도 아니며 도움이 될 만한 것도 눈에 띌 것이다. 규칙지배행동 패턴은 내담자의 강화를 통해 쉽게 영구화될 수 있다는 것을 쉽게 알 수 있을 것이다. 하지만 융합에 근거한 행동은 실제 사건에 대한 유연성과 수반성이 훨씬 낮기 때문에, 장기적으로는 도움이 별로 안 된다.

치료자 융합Therapist fusion은 치료라는 까다로운 일을 하면서 늘 일어나는 일이다. 마치 융합에 대해 알면 그 과정에 면역이 생기기라도 하듯, ACT 치료자는 자신의 생각과 융합되지 말아야 한다는 교활한 생각과 융합될 수도 있다. 치료자는 '난 ACT 치료자야, 이런 생각과 융합되면 안 돼!'라는 생각과 융합될 수 있고, 이런 생각과 융합되어 힘든 시간을 보낼 수도 있다. 그러면서 치료자는 마음이 작동하는 너무나 자연스러운 방식에 따라, 스스로를 힘들게 한 것에 대해 자책하기 시작한다.

우리 마음은 아이러니를 사랑한다. 치료 중 마음과 융합돼도 괜찮다. 이는 치료 과정의 정상적이고 자연스러운 일부다. 융합에 빠져 힘든 시간을 보내는 것 역시 괜찮다. 이는 단지 마음이 진화한 방식에 따르는 것뿐이다.

외과의사가 메스를 사용하고 건축가가 망치를 사용하는 것처럼, 우리의 도구는 말words이다. 우리는 대부분 시간 동안에는 이를 효과적으로 사용하면서도, 이따금씩 자신의 말과 마음에 사로잡힐 때가 있다. 우리가 할 수 있는 최선의 방법은, 우리가 사로잡힌 것을 발견했을 때 자기자비를 지니고, 치료 작업에서 더 나은 선택을 할 수 있는 거리를 확보하기 위해 융합을 알아차리고 관찰하는 것이다.

95

'해결하기' 함정을 피하기
STEERING CLEAR OF THE 'FIX-IT' TRAP

우리 대부분은 사람들이 현실적이고 지속적으로 삶에 긍정적 변화를 일으키는 것을 돕기 위해 전문가의 길에 들어섰다. 누군가 자신의 삶에서 이러한 변화를 만들고 번영하는flourish 것을 보는 것은 굉장히 보람되고 만족스러운 일이다. 단점이 있다면, 이 때문에 우리가 '해결하기fix-it'의 함정에 빠질 수 있다는 것이다. 이는 우리가 내담자의 문제를 해결하는 데 지나치게 집중하게 되고, 문제를 해결하고 싶은 마음으로 인해 맥락감수성을 감소시키는 것을 말한다. 우리가 '해결하기' 함정에 빠져 있으면 내담자의 요구를 파악하지 못한 채 주로 우리의 요구, 융합, 회피에 따라 행동하게 된다. 우리는 종종 내담자가 그저 자신의 말을 경청해 주기 바라거나 자신의 고통을 알고 인정해 주기 바랄 때를 알아차리지 못한다. 우리가 옳다고 생각하는 것을 시도하기 위해 지나치게 끈질기게 설득하기도 한다. 최악의 경우에는 이로 인해 치료에 균열이 생기고 심지어는 내담자가 회기를 중단할 수도 있다.

그럼 우리는 왜 이런 일을 하는 것일까? 이유는 많다. 우선 우리의 학습 이력이 우리가 치료에서 내담자에게 반응하는 방식에 큰 영향을 끼친다. 내담자에게 도움을 주기 위해서는 치료자가 적극적이어야 하거나, 고통은 해롭기 때문에 최대한 빨리 줄여야 한다고 배웠을 수 있다. 이는 우리가 치료자의 의미에 대해 설정한 규칙에 영향을 끼칠 수 있다. 예를 들면 '도움을 주기 위해서는 **무언가를 해야 한다.**'라거나, '전문가는 답을 알고 있으며 고통에 빠진 사람을 그냥 두면 안 된다.' 같은 규칙이 있다. 치료자가 작업하는 방식에 대한 특정한 모형이나 기대를 지니고 있을 수도 있다. 전문가는 건강하고 안정적이어야 하며 그런 위치에서 부모 같은 조언과 안내를 제공해야 한다는 것처럼 말이다.

우리는 또한 괴로워하는 사람을 보면서 감정적 고통을 느낄 수도 있다. 그런 측면에서는 내담자를 돕기 위해서가 아니라 우리의 고통을 덜기 위해 '해결하기' 모드에 빠질 수 있다. 마지막으로, 일부 내담자는 고통과 함께하는 것을 너무 힘들어하며 높은 수준의 절박함, 간청, 요구를 통해 우리에게 정답이나 해결책을 달라고 요청한다. 치료자는 요청받은 것을 제공할 수 없는 것이 분명할 때조차 그런 요청에 응답하지 않는 것을 고통스러워할 수 있다.

우리는 '해결하기' 함정을 멀리하기 위해 심리적 유연성 과정을 진행하며, 우리가 갇혀 있는 지점을 알아차릴 수 있도록 최고의 기량을 발휘해야 한다. 특히 다른 내담자보다 우리를 더 '해결하기' 함정으로 끌어들이는 내담자를 대할 때는 더욱 그래야 한다. 다음은 우리가 개인적으로 도움이 됐다고 여긴 몇 가지 팁이다.

1. 스스로 ACT 매트릭스를 시행해서, 낚였을 때 하는 원치 않는 내용과 행동을 파악한다. 이와 동시에 특정한 내담자와 관련한 당신의 가치와, 당신이 취하고자 하는 구체적인 행동을 곰곰이 생각한다.
2. 별생각 없이 하는 행동에서 벗어나 현재 순간에 머무르는 방법을 개발한다(앞 장의 내용 참조).
3. 느껴지는 감정에 관심을 가진다. 친절함, 온정, 자비의 제스처는 자신을 위안하고, 꼭 느껴지는 감정에 따라 행동하지 않을 수 있는 맥락을 만드는 데 도움이 된다.

96

힘든 감정과 함께하기
STAYING WITH DIFFICULT EMOTIONS

    ACT 모형의 속성상 치료자는 종종 회기 중에 힘든 감정을 돌아보고 함께해야 한다. 하지만 감정과 함께하는 것이 항상 경직된 방식으로 따라야 하는 규칙이 되어서는 안 된다. 이는 내담자에게 확실히 도움이 될 만한 상황에서, 내담자의 이슈에 대한 공식화에 근거해서 이루어져야 한다. 그렇게 보면 이따금씩 회피나 주의전환도 똑같이 유용할 때가 있다. 감정 자체보다는 그에 대응하는 과정에 더 초점을 맞춰야 한다. ACT 치료자는 내담자가 회피와 융합에 따라 자동적으로 반응하는 양을 줄이고 그만큼 가치 지향적으로 반응하도록 도와야 한다.

    종종 치료자는 회기 중에 힘든 감정과 함께하기로 하는 결정을 매우 빨리 내려야 할 필요가 있기 때문에, 가급적이면 자동적 반응에 따라 결정하지 않도록 하는 것이 매우 중요하다. 우리가 치료에 대해 지니고 있는 믿음이 힘든 감정과 함께할 수 있는 능력에 매우 큰 영향을 끼친다. 힘든 감정은 대개 치료자가 다음과 같은 생각과 융합될 때 나타난다.

- 나는 해를 끼치고 있어.
- 치료는 사람들의 기분을 더 나아지게 해야 해.
- 나는 이것을 감당할 수 없어.
- 치료는 정교해야 하고 뒤죽박죽이 되면 안 돼.
- 내담자가 나를 싫어할 거야.

따라서 힘든 감정이 존재할 때 당신에게 드는 생각을 알고 있는 것이 중요하다. 그런 생각을 예상하고 있으면 생각과 융합될 가능성을 낮출 수 있기 때문이다. 탈융합은 생각을 무시하는 것이 아니라 오히려 거기에 관심을 가지는 것이다.

치료자는 힘든 감정과 함께함으로써 내담자가 그 순간에 실시간으로 연습하고 모델링할 수 있는 기회를 제공해 준다. 치료자는 내담자에게 고통스러운 내용과 함께하도록 요청함으로써, 감정이 해롭거나 위협적이지 않으며 내담자가 그것을 다룰 수 있다는 메시지를 전달한다. 또한 수용과 호기심 있는 태도를 모델링함으로써, 내담자가 감정과의 관계를 변화시키는 법을 터득해 나가도록 한다. 감정이 그 상황에서 바로 나타나고 있기 때문에, 치료자는 내담자가 감정에 대한 개념화가 아닌 감정의 직접적 수반성과 접촉하도록 도와줄 수 있다. 이는 내담자가 감정과 함께 전해지는 메시지를 **들을**hear 수 있는 가능성을 높인다. 치료자는 융합이 나타날 때 이를 이끌어 내고, 내담자가 특정한 생각의 파급력과 그것이 가치기반 행동을 억제하는 방식을 알아차리게 해 준다.

실제로 치료자는 힘든 감정과 함께하기 위해 많은 것을 할 수 있다. 감정이 나타날 때 거기에 대해 더 탐색하는 것도 한 가지 방법이나. 내담자에게 잠시 속도를 늦추고 말하고 있던 것을 반복해서 말하게 할 수도 있다. 그냥 조용히 있을 수도 있고, 내담자가 그런 감정과 더 온전히 접촉하게 할 수도 있다. 비록 누군가가 고통스러운 감정과 접촉하는 것을 지켜보는 것이 쉽지 않을 때도 있겠지만, 그런 감정으로 눈을 돌릴 때 풍부함richness과 활력vitality을 느낄 수 있다.

97

자기회의를 사랑하는 법 배우기
LEARNING TO LOVE YOUR SELF-DOUBT

우리 대부분은 삶에서 기술을 배우면서 시간이 지날수록 더 자신감을 가지기 바라고, 자신감이 쌓일수록 기술을 실행할 수 있는 능력에 대한 의구심은 줄어든다. 우리의 마음은 자기회의self-doubt는 **나쁘고** 자기확신self-confidence은 **좋다고** 말한다. 글쎄, 치료자에게 자기회의는 전혀 나쁘지 않다는 흥미로운 연구 결과도 있다. 실제로 연구 결과에 따르면 자기회의는 좋은 치료 결과의 핵심 요인이었다.

헬레네 니센-리Helene Nissen-Lie와 그녀의 노르웨이인 동료들이 진행한 흥미롭고 상세한 연구를 보자. 그들은 다학제적 배경을 지니고 있는 70명의 치료자들에게 자기지각self-perception, 전문가로서의 자기회의, 치료 작업에서의 대처 전략을 물어봤다(Nissen-Lie et al., 2017). 이 치료자들이 담당하고 있는 255명의 내담자들에게는, 연구가 시작되기 전의 대인관계 문제 및 고통 수준을 물어본 뒤 2년 뒤에 추적했다.

선행 연구 결과들과 마찬가지로(Nissen-Lie, Monsen, & Rønnestad, 2010; Nissen-Lie, Havik, Høglend, Monsen, & Rønnestad, 2013), 이 연구는 전문가적 효능감에 대해 높은 수준의 자기회의를 보고한 치료자들이 담당한 내담자들의 예후가 더 좋았다는 다소 놀라운 결과를 확인했다. 하지만 이 연구의 흥미로운 점은 또 있었다. 연구자들은 자신에게 관대하고 더 자비로운 치료자들이 내담자들에게서 훨씬 더 좋은 결과를 냈음을 발견했다. 잘 알려진 대로 이 연구 논문의 제목은 다음과 같다. '사람으로서 자신을 사랑하고,

치료자로서 자신을 의심하라Love yourself as a person, doubt yourself as a therapist'

연구 결과에 기여한 요인은 많을 것이다. 자기회의와 자기자비의 조합은 자기성찰로 가는 문이며, 복합적인 이슈를 지닌 사람들을 치료하는 데 나타나는 개인적 한계와 근본적 어려움을 진실되게 이해할 수 있게 해 준다. 치료자는 자기성찰을 통해 치료에서 더 유연해지고 잘 반응함으로써 어려움을 더 효과적으로 다룰 수 있다.

이러한 요인들은 치료자가 치료적 과정의 핵심 부분인 높은 수준의 불확실성을 더 잘 수용하는 데 도움이 되기도 한다. 치료자가 더 수용적으로 되면 불확실성에 대한 유용한 태도를 공유하고, 논의하고, 모델링하는 데 더 좋은 위치에 서게 될 것이다. 이 모든 것은 불확실성과 함께하기 위한 기술을 새로 개발하고 탈융합과 수용을 연습하는 내담자들에게 값진 모델링이 된다. 이는 이러한 태도의 모델링은 물론이고, 치료자가 내담자와 상호작용하는 방식에도 영향을 끼친다. 치료적 상호작용의 모호성ambiguity을 해결해야 할 문제로 보지 않고, 굳이 이를 통제하려 하지 않은 채 그대로 허용할 수 있다. 치료자는 자기자비를 통해 이런 모호성을 없애야 할 문제가 아닌, 사람 간의 상호작용의 자연스러운 부분으로 여긴다.

결론은, 당신의 자기회의를 사랑하라는 것이다. 항상 편하지만은 않겠지만 자기회의는 중요한 것, 즉 당신이 항상 '틀릴' 수 있다고 말함으로써 치료가 어렵고 복합적인 과정임을 되새겨 준다. 하지만 이를 인지하는 과정에서 자신에게 친절할 수 있는 자유가 찾아온다. 자신에게 이렇게 물어보라. '지금 이 순간 **정말**actually 중요한 것은 뭘까?'

98

모형을 모델링하기
MODELLING THE MODEL

심리적 유연성 모형은 치료자와 내담자에게 똑같이 적용된다. 우리가 서비스를 제공해서 사람을 돕기 위해서는, ACT를 모형에 적합한 방식으로 시행하는 것이 중요하다. 그렇게 하는 것이 메시지를 더 명확하게 전달하고 학습을 증진할 수 있는 유용한 방법이기 때문이다. 이 책의 앞부분에서 제시한 바와 같이(예: 80장 모델링, 개시, 강화), 학습의 기본적인 행동 원리는 모델링이다. 모델링은 치료자가 더 도움이 되는 행동을 증진하기 위해 할 수 있는 가장 유용한 활동 중 하나다. ACT 치료자는 이 개념에 따라 내담자와의 상호작용에서 심리적 유연성의 속성을 구현하도록 노력해야 한다. 그 요지는 다음과 같다.

알아차림

현재 순간과의 접촉: 실시간 회기 내용에 계속 집중하며 그에 대한 자신의 반응을 추적하는 기술을 개발한다. '여기서 이 사람과 있으면서 무엇이 느껴지는가?', '나는 무엇을 생각하고 느끼는가?', '그것들은 내 행동에 어떤 영향을 끼치고 있는가?' 이중 일부를 내담자와 공유하는 것은 정보의 중요한 출처이자, 자신의 경험에 더 귀를 기울이는 것의 유용성을 모델링하는 효과적인 수단이 될 수 있다.

맥락으로서의 자기: 관찰하는 자기와의 접촉을 모델링하는 것은 말로 설명하기 가장 어려운 모형일 수 있기 때문에 특히 중요하다. 간단한

방법 중 하나로 관찰자 시점에서 말하는 습관을 들이는 것이 있다. 예를 들면 이렇게 말한다. "당신이 말하는 것을 들으면서 속에서 약간 불안감이 올라오는 게 느껴지고, 제가 앞서 질문한 것이 당신을 너무 몰아붙인 것 같다는 생각이 드는 걸 알게 됐습니다." 이것은 '나'와 '나의 경험'을 분리하는 것을 모델링하는 데 유용하다.

개방성

수용: 기꺼이 불편할 수 있음을 명확히 보여 주는 것은 ACT를 모델링하는 데 있어서 중요한 부분이다. 앞서 언급한 것처럼 회기 안에서의 상호작용이 진행됨에 따라 조심스레 자기개방을 사용하는 것이 도움이 될 수 있다. 예를 들면 이렇게 말할 수 있다. "당신이 지난 회기 때 털어 놓았던 학대에 대해 제가 지금 물어보면 당신이 어떻게 반응할지 불안해지는 게 느껴졌습니다… 그리고 제 안에 불안을 위한 자리를 마련하고 당신이 말한 것을 외면하지 않는 것이 중요하다고 느꼈습니다."

탈융합: ACT 치료자가 자신의 생각, 규칙, 판단으로부터 거리를 두는 것을 모델링하는 데는 수많은 방법이 있다. 예를 들면 "저는 … 라는 생각을 하고 있습니다." 혹은 "바로 지금 제 마음은 … 이라고 말하고 있네요." 같은 말을 덧붙일 수 있다. 여기 나온 특정한 기법들보다는 내담자에게 생각과 행동이 다를 수 있음을 보여 주는 일반적인 원리를 더 중요하게 고려해야 한다.

능동성

가치: 때때로 자신이 왜 이 일을 하는지 스스로 점검할 필요가 있다. 당신은 어떤 가치에 따라 이 직업을 선택했는가? 당신은 어떤 유형의 치료자가 되기 바라는가? 일의 어떤 부분이 가장 활력을 주는가? 만약 당

신이 내담자와의 가치 대화에 참여한다면, 일에 대한 자신의 열정을 활용할 수 있을 것이다. 당신은 그럴 때 신이 나서 얼굴이 밝아질 수도 있을 텐데, 이때 내담자는 가치와 연결되는 것이 어떻게 보이고 느껴지는지 직접 경험할 수 있다.

전념행동: 내담자를 돕는 가치에 부합하는 방식으로 행동하는 데는 딱히 설명이 필요하지 않다. 당신이 이 책을 여기까지 쭉 읽었다면, 당신은 더 나은 치료를 제공하고 당신이 돕고자 하는 사람들의 삶을 풍요롭게 하기 위해 전념하고 있는 것이다. 당신은 그저 이것을 내담자와의 상호작용에 활용하기만 하면 된다.

99

'딴생각 알아차리고 되돌아오기' 연습
THE 'ON TRACK, OFF TRACK' EXERCISE

방해물은 변화의 과정에서 정상적이고 자연스러운 부분이지만, 때로는 진행이 안 될 정도로 균형을 흐트러뜨릴 수도 있다. 그에 대한 해결책 중 하나로 '딴생각 알아차리고 되돌아오기on track, off track' 연습을 활용할 수 있다(러스 해리스의 방법을 참조함). 이 연습은 회기 과정에 가벼운 느낌을 더할 수 있는데, 무겁고 번거롭게 느껴지는 방해물이 있을 때 특히 유용하다. 이 연습은 또한 내담자와 치료자가 한 팀을 이뤄 방해물의 존재를 인정하되, 그로 인해 완전히 다른 길로 빠지지 않기 위해 노력한다는 개념을 강화한다.

기본적으로 이 연습에서는 치료자와 내담자가 회기 중에 나타나는 방해물을 '포착하고' 거기에 이름을 붙인다. 치료자는 먼저 연습에 대한 동의를 구한다.

치료자 — 저는 이 작업을 진행하면서, 당신이 변화를 통해 안전지대에서 나오도록 요청할 것이고, 실제로 당신은 그럴 수 있습니다. 우리가 이것을 하려고 하면 당신의 마음은 안전지대에 머물러 있어야 하는 수많은 이유를 만들어 내기 시작할 겁니다. 그럴 것 같나요?

내담자 — 물론이죠. 제가 새롭거나 무서운 것을 시도할 때 늘 있는 일인 걸요.

치료자 — 네, 이해합니다. 그건 아무 문제도 안 돼요. 하지만 우리가 항상 마음이 말하는 대로 진행되게 내버려 두면 변화를 이루기 힘들 거예요. 일단 이걸 염두에 둔 뒤, 별생각 없이 하는 행동에서 벗어나기 위해 주의를 기울여 알아차리는 것부터 시작해 보죠. 제가 해 보고 싶은 연습이 하나 있는데, 한 번 기꺼이 해 보시겠어요?

내담자 — 네 그럼요.

치료자 — 우리가 이 연습을 하는 동안 딴생각이 떠오르면 그걸 전부 적으면 됩니다.

그리고 나서 치료자는 종이 한 장을 꺼내서 내담자의 마음이 말할 만한 모든 내용에 대해 함께 브레인스토밍한다. 예를 들어 자신에게 이렇게 말할 수 있다. '이건 효과가 없을 거야.', '넌 실패할 거야.', '너무 어려울 것 같아.', '난 한 번도 달라진 적이 없었어.', '뭐 하러 그러지?' 탈융합과 심리적 거리두기에 유용하기 때문에 1인칭('난 실패할 거야.')보다는 2인칭 시점으로('넌 실패할 거야.') 적는 것이 더 유용할 때가 많다. 일단 이런 내용을 다 파악하고 나면, 치료자는 회기를 재개하고 그런 생각이 나타날 때마다 확인하도록 한다.

치료자 — 이제 간단한 마음챙김 연습을 할 텐데요, 우리가 이걸 같이 하는 동안 당신은 마음을 잘 살피면서 여기 있는 생각들이 (종이를 가리키며) 드는지 확인하면 됩니다.

내담자 — 선생님이 우리가 이 연습을 해야 한다고 말씀하실 때도 알아차린 게 하나 있어요.

치료자 — 이야 대단하네요, 뭔가요?

내담자 — '뭐 하러 그러지?'의 한 종류였어요. 마음이 이렇게 말했어요. '이 연습을 하는 이유가 뭐지?'

치료자 — 네, 좋은 지적이네요. 여기다 X 표시를 할게요. 다른 것들은요?

내담자 — 전처럼 이번에도 실패할 거라는 생각이 들었어요.

치료자 — 그렇군요. 당신의 마음은 '넌 실패할 거야.'라고 말했군요. (치료자는 2인칭 시점에서 말하는 것을 모델링한다.) 앞으로 남은 회기 동안 마음속으로 드는 딴생각들을 전부 추적해 보세요.

연습을 마무리할 때 이런 생각들을 하나의 기능계열로 모아 이름을 붙이면 좋다. 가장 흔하게는 내담자가 실패나 불편처럼 해롭다고 느끼는 것으로부터 안전하게 보호하는 기능이 있다. '비판적 보호자', '걱정 많은 사람', '암울한 사나이' 같은 이름이 내담자가 이런 생각들의 기능을 파악하는 데 도움이 될 수 있다.

이 연습은 탈융합뿐만 아니라, 내담자가 당면 과제를 다루면서 나타나는 불편과 접촉하기 위해 반복적으로 현재의 순간으로 되돌아오고 주의를 기울여 수용하는 것에 대한 경험학습 기회도 제공해 준다. 또한 내담자가 지금 순간에 떠오르는 것뿐만 아니라, 중요한 것에 근거해 선택하는 법을 도와준다는 면에서 가치와 전념행동 요소도 확실히 남겨 있다.

100

모형 충실도 유지
MAINTAINING FIDELITY TO THE MODEL

　모형 충실도fidelity를 유지하는 것은 똑바로 가기 위해 끊임없이 좌우의 균형을 조정해야 하는 자전거 타기와 같다. 충실도는 정적이지 않고 유동적이고 유연한 것으로, ACT의 **머리, 손, 가슴**에 따른다. 여기에는 최신 이론과 획기적 사상에 눈 뜨고, 기술을 연습하고 개발하며, 개인적 삶에서의 ACT 여정을 통해 자기관리를 하는 것이 있다. 이 과정에 정해진 규칙이란 없으며, 당신이 ACT 연습을 어떻게 할지는 당신이 선택할 부분이다. 따라서 정기적으로 자신을 돌아보며 이 여정을 진정 당신 것으로 삼고 온전히 선택해야 한다.

　ACT 모형의 궤도를 유지하는 것은 결코 혼자 힘으로 할 수 없다. ACT 치료자가 되기 위한 공인 과정은 없기 때문에(ACT와 맥락행동과학커뮤니티는 일부러 ACT 훈련 과정을 '오픈 소스'로 하기로 결정했다), 때로는 황야에 서 있는 듯한 느낌이 들 수도 있다. 따라서 마음이 맞는 사람들로 이루어진 당신만의 커뮤니티를 구축하는 것이 매우 중요하다. 이는 ACT 작업을 상의할 수 있는 동료 네트워크를 만듦으로써 실현할 수 있다. 포틀랜드 정신치료Portland Psychotherapy 클리닉은 증례 자문과 실시간 슈퍼비전을 결합한 동료 슈퍼비전 모형의 개요를 만들었다(Thompson et al., 2015). 우리 둘 다 영국에서 이러한 동료 슈퍼비전 집단에 참여하고 있으며, 이는 우리의 **머리, 손, 가슴**의 요구를 충족시키는 데 매우 유용하다.

　당신의 ACT 기술을 한 단계 끌어올리기 위해서는, 당신보다 더 많은 길을 걸어 온 치료자로부터 전문적인 ACT 슈퍼비전을 받는 것이 가장 도움이 될 것이다. 우리 두 명 모두 20년이 넘는 심리적 개입 경력을 지니고 있으며, 이 기간 내내 슈퍼비전을 받았다. 우리는 ACT를 실행하는 한 계속 슈퍼비전을 받을 것이다. 슈퍼비전을 안 받는 것은 상상도 할 수 없다. 우리는 슈퍼비전이 ACT 작업의 **머리, 손, 가슴**의 궤도를 유지하는 데 필수적일 뿐만 아니라, 이 모든 과정을 더 재미있고 즐겁게 만드는 핵심 요소라고 본다. 슈퍼비전은 당신이 이론적 이해, 공식화 기술, 개입에 대한 발상을 개발하는 노력을 할 수 있게 해 준다. 또한 슈퍼비전은 치료 과정은 물론이고 당신 자신의 갇힘, 융합, 회피에 대해 얘기할 수 있는 기회이기도 하다. 당신의 기술을 모니터링할 수 있는 방법이 있으면 도움이 된다. 에릭 모리스Eric Morris가 개발한 ACT 충실도 활동Acts of ACT fidelity measure(http://actforpsychosis.com에서 내려받을 수 있다) 같은 ACT 역량 척도를 활용하는 것도 도움이 될 수 있다. 슈퍼비전 양식(부록 1 참조)을 사용하면 슈퍼비전을 받을 때 ACT 초점과 구조를 다루는 데 유용하다.

마지막으로, 더 폭넓은 ACT 커뮤니티와 연결되는 것이 충실도 유지에 중요하다. ACT는 더 넓은 단체인 맥락행동과학회Association of Contextual Behavioral Science, ACBS(www.contextualscience.org) 안에 속한다. ACBS는 ACT, RFT, 그 외 다른 맥락행동과학 기법을 아우르는 국제 단체다. ACBS는 매년 국제 학회를 개최하며 각 지역별로 많은 지부에서 비슷한 학회나 훈련 행사를 주최한다. ACBS는 다양한 여건에서 다양한 사람들을 치료하는 ACT 및 다른 맥락행동과학 치료자들의 커뮤니티다. 커뮤니티의 문화는 친사회성pro-sociality과 협력에 맞춰져 있으며, ACT를 처음 접하는 많은 치료자는 이 커뮤니티가 굉장히 개방적이고 공유적이라고 말한다. 우리는 당신이 앞으로 ACT 여정을 시작한다면 ACBS와 연계할 것을 강력히 권고한다.

슈퍼비전 워크시트
SUPERVISION WORKSHEET

상황 설명

내담자에 대해 구체적으로 무엇이 궁금한가? (오직 질문에 상응하는 이력과 회기 정보만 제공한다. 슈퍼비전을 받을 때 정보 공유에 소요되는 시간을 5분[2-3분이면 더 좋다] 이내로 제한해 보라. 당신은 논의가 진행됨에 따라 언제든 더 많은 정보를 제공할 수 있다.)

공식화

내담자가 갇혀 있게 된 핵심 이슈는 무엇인가? 내담자를 계속 갇히게 하는 주된 과정은 무엇인가?
- 내담자가 낚여 있는 생각이나 자기이야기는 무엇인가?
- 내담자가 회피하는 감정, 감각, 기억은 무엇인가?
- 융합은 어떻게 경험회피를 뒷받침하는가? (예: '난 이걸 감당할 수 없어.', '너무 부담스러워.', '이건 나나 내가 다른 사람과 맺는 관계를 보여 주는 거야.')
- 내담자가 현재에 머무르지 못하게 하는 것은 무엇인가?

물러나는 움직임의 결과는 무엇인가? 그것은 진행을 방해하는가?

다가가는 움직임의 보상은 무엇인가? **다가가는** 움직임을 뒷받침하는 가치는 무엇인가? 내담자에게 누구 혹은 무엇이 중요한가?

내담자의 이력(대인관계/발달사, 생활 상황)은 현재의 반응에 어떤 영향을 끼치는가?

관계 이슈

치료관계는 어떤가? (회기에서 어떤 느낌이 드는가? 무엇이 특히 그런 느낌을 유발하는가? 내담자에 대해 얘기할 때 어떤 느낌이 드는가? 진행을 방해하는 관계 이슈가 있는가?)

계획

갇혀 있는 것에서 풀려나게 도와주는 기법과 전략은 무엇인가? 당신은 무엇을 시도해 봤는가?

당신이 이 계획을 가지고 다가가는 데 더 필요로 하는 지식과 기술이 있는가?

◆ 참고문헌 ◆

American Psychiatric Association. (2013). *Diagnostic and statistical manual of mental disorders* (5th ed.). Arlington, VA: American Psychiatric Publishing.

Ardito, R.B., & Rabellino, D. (2011). Therapeutic alliance and outcome of psychotherapy: Historical excursus, measurements, and prospects for research. *Frontiers in Psychology*, 2, 270.

Barlow, D.H., Farchione, T.J., Fairholme, C.P., Ellard, K.K., Boisseau, C.L., Allen, L.B., & Ehrenreich May, J.T. (2011). *Unified protocol for transdiagnostic treatment of emotional disorders:* Therapist guide. New York: Oxford University Press. 『정서장애의 단일화된 범진단적 치료 프로토콜: 치료자용 가이드』 2017. 조용래 외 옮김. 학지사.

Beck, A.T. (1976). *Cognitive therapy and the emotional disorders*. London: Penguin. 『인지치료와 정서장애: 인지치료 창시자 아론 벡이 저술한 인지행동치료의 고전』 2017. 민병배 옮김. 학지사.

Beck, A.T., Rush, A.J., Shaw, B.F., & Emery, G. (1979). *Cognitive therapy of depression*. New York: Guilford Press. 『우울증의 인지치료』 2005. 원호택 옮김. 학지사.

Bentall, R. (2003). *Madness explained: Psychosis and human nature*. London: Penguin.

Bernhardt, K. (2018). *The anxiety cure: Live a life free from panic in just a few weeks*. London: Vermilion.

Blackledge, J.T., Moran, D.J., & Ellis, A. (2008). Bridging the divide: Linking basic science to applied therapeutic interventions – a relational frame theory account of cognitive disputation in rational emotive behaviour therapy. *Journal of Rational Emotive Cognitive Behaviour Therapy*, 27, 232–248.

Bond, F.W., Hayes, S.C., Baer, R.A., Carpenter, K.M., Guenole, N., Orcutt, H.K., … Zettle, R. D. (2011). Preliminary psychometric properties of the Acceptance and Action Questionnaire – II: A revised measure of psychological flexibility and experiential avoidance. *Behavior Therapy*, 42, 676–688.

Chödrön, P. (1997). *When things fall apart: Heart advice for difficult times*. Boulder, CO: Shambhala Publications. 『모든 것이 산산이 무너질때 희망과 두려움을 걷어내고 삶의 맨 얼굴과 직면하는 22가지 지혜』 2017. 구승준 옮김. 한문화.

Craske, M.G., Treanor, M., Conway, C., Zbozinek, T., & Vervliet, B. (2014). Maximizing exposure therapy: An inhibitory learning approach. *Behaviour Research and Therapy*, 58, 10–23.

Ellis, A. (1962). *Reason and emotion in psychotherapy*. New York: Citadel.

Flaxman, P.E., Bond, F.W., & Livheim, F. (2013). *The mindful and effective employee: An acceptance and commitment therapy training manual for improving well-being and performance*. Oakland, CA: New Harbinger.

Flaxman, P., Blackledge, J.T., & Bond, F.W. (2011). *Acceptance and commitment therapy: Distinctive features*. London: Routledge.

Foody, M., Barnes-Holmes, Y., & Barnes-Holmes, D. (2013). An empirical investigation of hierarchical versus distinction relations in a self-based ACT exercise. *International Journal of Psychology and Psychological Therapy*, 13(3), 373–388.

Friedman, R.S., & Förster, J. (2001). The effects of promotion and prevention cues on creativity. *Journal of Personality and Social Psychology*, 81, 1001–1013.

Friedman, R., & Förster, J. (2002). The influence of approach and avoidance motor actions on creative cognition. *Journal of Experimental Social Psychology*, 38, 41–55.

Harari, Y.N. (2014). *Sapiens: A brief history of humankind*. London: Harvill Secker.『사피엔스』 2015. 오현욱 옮김. 이태수 감수. 김영사.

Hari, J. (2015). *Chasing the scream: The first and last days of the war on drugs*. London: Bloomsbury.

Harris, R. (2009). *ACT made simple*. Oakland, CA: New Harbinger.

Harvey, A., Watkins, E., Mansell, W., & Shafran, R. (2004). *Cognitive behavioural processes across psychological disorders: A transdiagnostic approach to research and treatment*. Oxford: Oxford University Press.『심리장애의 초진단적 접근: 인지 및 행동과정의 공통점』 2013. 김완석 외 옮김. 시그마프레스.

Hayes, S.C., Barnes-Holmes, D., & Roche, B. (2001). *Relational frame theory: A post-Skinnerian account of human language and cognition*. New York: Plenum/Kluwer.

Hayes, S.C., & Hoffman, S.G. (2017). *Process-based CBT: The science and core clinical competencies of cognitive behavioral therapy*. Oakland, CA: New Harbinger.『과정 기반 인지행동치료: 심리치료는 어떻게 작동하는가』 2019. 곽욱환 외 옮김. 삶과지식.

Hayes, S.C., Strosahl, K.D., & Wilson, K.G (1999). *Acceptance and commitment therapy: An experiential approach to behavior change*. New York: Guilford Press.

Hayes, S.C., Strosahl, K.D., & Wilson, K.G. (2012). *Acceptance and commitment therapy: The process and practice of mindful change (2nd ed.)*. New York: Guilford Press.『수용과 참여의 심리치료』 2018. 문성원 옮김. 시그마프레스.

Holman, G., Kanter, J., Tsai, M., & Kohlenberg, R.J. (2017). *Functional analytic psychotherapy made simple*. Oakland, CA: New Harbinger.『치료관계의 혁신, 기능분석정신치료: 행동과학이 알려주는 인식-용기-사랑의 법칙』 2019. 나의현 외 옮김. 삶과지식.

Kohlenberg, R.J., & Tsai, M. (1991). *Functional analytic psychotherapy: A guide for creating intense and curative therapeutic relationships*. New York: Plenum.

Kupfer, D.J., First, M.B. & Regier, D.A. (Eds.). (2002). *A research agenda for DSM-V*. Arlington, VA: American Psychiatric Publishing.

Linehan, M. (1993). *Cognitive-behavioural treatment of borderline personality disorder*. New York: Guilford Press.

Marshall, S.L., Parker P.D., Ciarrochi, J., Sahdra, B., Jackson, C., & Heaven, P. (2015).

Self-compassion protects against the negative effects of low self-esteem: A longitudinal study in a large adolescent sample. *Journal of Personality and Individual Differences*, 74, 116–121.

McHugh, L., Barnes-Holmes, Y., & Barnes-Holmes, D. (2004). Perspective-taking as relational responding: A developmental profile. *Psychological Record*, 54, 115–144.

McHugh, L., & Stewart, I. (2012). *The self and perspective taking: Contributions and applications from modern behavioral science*. Oakland, CA: New Harbinger.

Michael Jr. (2017, January 8). *Know your why*. Retrieved from www.youtube.com/watch?v=1ytFB8TrkTo&t=4s

Montoya-Rodríguez, M.M., Molina, F.J., & McHugh, L. (2017). A review of relational frame theory research into deictic relational responding. *The Psychological Record*, 67(4), 569–579.

Morris, E. (2017). So long to SUDs – *Exposure is not about fear reduction… it's about new learning and flexibility*. http://drericmorris.com/2017/01/13/nosuds/

National Health Service. (2016). *Five steps to mental wellbeing*. www.nhs.uk/conditions/stress-anxiety-depression/ improve-mental-wellbeing/

Nietzsche, F. (1998). *Twilight of the idols*. New York: Oxford University Press. 『우상의 황혼』 2015. 박찬국 옮김. 아카넷.

Nissen-Lie, H.A., Havik, O.E., HØglend, P.A., Monsen, J.T., & RØnnestad, M.H. (2013). The contribution of the quality of therapists' personal lives to the development of the working alliance. *Journal of Counseling Psychology*, 60, 483–495.

Nissen-Lie, H.A., Monsen, J.T., & Ronnestad, M.H. (2010). Therapist predictors of early patient-rated working alliance: A multilevel approach. *Psychotherapy Research*, 20, 627–646.

Nissen-Lie, H.A., RØnnestad, M.H., HØglend, P.A., Havik, O.E., Solbakken, O.A., Stiles, T.C., & Monsen, J.T. (2017). Love yourself as a person, doubt yourself as a therapist? *Clinical Psychology and Psychotherapy*, 24, 48–60.

O'Donoghue, E.K., Morris, E.M., Oliver, J.E., & Johns, L.C. (2018). *ACT for psychosis recovery: A practical manual for group-based interventions using acceptance and commitment therapy*. Oakland, CA: New Harbinger. 『정신증의 회복을 위한 수용전념치료: 집단 기반 수용전념치료 실무지침서』 2021. 김은정 외 옮김. 학지사.

Polk, K.L., Schoendorff, B., Webster, M., & Olaz, F.O. (2016). *The essential guide to the ACT matrix: A step-by-step approach to using the ACT matrix model in clinical practice*. Oakland, CA: New Harbinger. 『수용전념치료의 혁신, 매트릭스: 가장 쉽게 ACT 적용하기』 2018. 곽욱환 외 옮김. 삶과지식.

Ramnerö, J., & Törneke, N. (2008). *The ABCs of human behavior: An introduction to behavioural psychology*. Oakland, CA: New Harbinger.

Ruiz, F. J. (2010). A review of Acceptance and Commitment Therapy (ACT) empirical evidence: Correlational, experimental psychopathology, component and outcome studies. *International Journal of Psychology and Psychological Therapy*, 10, 125–162.

Sapolsky, R. (2004). *Why zebras don't get ulcers* (3rd ed.). New York: Holt.

Segal, Z.V., Williams, J.M.G., & Teasdale, J.D. (2013). *Mindfulness-based cognitive therapy for depression* (2nd ed.). New York: Guilford Press.『우울증 재발 방지를 위한 마음챙김 기반 인지치료』2018. 이우경 외 옮김. 학지사.

Skinner, B. F. (1953). *The possibility of a science of human behavior.* New York: The Free House.

Strosahl, K., Robinson, P., & Gustavsson, T. (2012). *Brief interventions for radical change: Principles and practice of focused acceptance and commitment therapy.* Oakland, CA: New Harbinger.『상담에서의 단기개입전략』2017. 김창대 외 옮김. 시그마프레스.

Thompson, B.L., Luoma, J.B., Terry, C.M., LeJeune, J.T., Guinther, P.M., & Robb, H. (2015). Creating a peer-led acceptance and commitment therapy consultation group: The Portland model. *Journal of Contextual Behavioral Science, 4,* 144–150.

Törneke, N. (2010). *Learning RFT: An introduction to relational frame theory and its clinical application.* Oakland, CA: New Harbinger.

Törneke, N. (2017). *Metaphor in practice: A professional's guide to using the science of language in psychotherapy.* Oakland, CA: New Harbinger.

Villatte, M., Villatte, J.L., & Hayes, S.C. (2016). *Mastering the clinical conversation: Language as intervention.* New York: Guilford Press.『임상대화의 달인되기: 중재로서 언어』2022. 곽욱환 외 옮김. 삶과지식.

Watson, J.B. (1929). *Psychology from the standpoint of the behaviourist* (3rd ed.). Philadelphia, PA: Lippincott.

Williams, M., & Penman, D. (2011). *Mindfulness: A practical guide to finding peace in a frantic world.* London: Piatkus.

Wilson, K. (2013). *Evolution matters: A practical guide for the working clinician.* Keynote address at the First Acceptance and Commitment Therapy and Contextual Behavioural Science Conference. London, UK.

Wilson, K. (2016). Contextual behavioral science: Holding terms lightly. In Zettle, R.D., Hayes, S.C., BarnesHolmes, D., & Biglan, A. (Eds,). *The Wiley handbook of contextual behavioral science* (pp. 62–80). Chichester: Wiley-Blackwell.

Wilson, K. G., & DuFrene, T. (2009). *Mindfulness for two: An acceptance and commitment therapy approach to mindfulness in psychotherapy.* Oakland, CA: New Harbinger.

Zettle, R.D., Hayes, S.C, Barnes-Holmes, D., & Biglan, A. (Eds.). (2016). *The Wiley handbook of contextual behavioral science.* Chichester: Wiley-Blackwell.

◆ 찾아보기 ◆

은유나 연습은 굵은 글씨로 표기하였다.

가변적 접근 169
가족과 함께 해변으로 가는 것 225
가치 176, 190, 198, 225-226, 227-228, 244, 249-250
   평가와 공식화 107, 116, 117, 124
   ACT 과정을 진행하는 기법 131, 137, 151-152, 157-158, 166
   ACT의 핵심 과정 76-78, 85-86, 88-90, 91-92
가치기반 행동 66, 68, 77, 89, 137, 176, 236, 245
가치, 목표, 실천 166
갇힘 70, 78, 102, 110, 181-182, 196, 239, 243, 255
강화 27-28, 30, 41, 53, 183, 195, 207-208, 209-210, 214, 233, 241
강화제 53, 88, 90, 92, 165, 207, 214
개념화 79-80, 140, 245
개방성 78, 107-109, 159, 169, 203, 206, 209, 249 기둥도 참조
개선행동 208, 209 물러나는 행동과 다가가는 행동도 참조
건강심리학 225
결과에 의한 학습 26

결합함의 48
경험학습 100-101, 197, 213, 253
경험회피 59-60, 61-62, 63, 67, 76, 83-84, 107, 121, 143, 156, 182, 232
계산기 222
공황장애 135
관계구성틀 44, 47, 58, 139
관계구성틀이론RFT 19, 42, 44-45, 46-47, 49, 51, 57-58, 61, 81, 102, 136, 139, 144, 194, 203, 213-214, 221
관계망 46-47, 51, 57, 102-103, 177, 195, 221-222
관계반응 46-47, 48
괴로움 42, 190-191, 203
구덩이에 빠진 사람 113
구별관계 49
규칙 41, 63-64, 86, 168, 177, 198, 213-214
   실전 의사결정 227-228, 229-230
   평가와 사례공식화 107
규칙지배행동 63-64, 71
급진적 행동주의 23
긍정적 강화/처벌 27
기계론적 모형 33
기꺼이 하기 83, 92, 173, 180, 198-199
기능계열 72, 216, 253
기능맥락주의 19, 31-32, 33-34, 115, 172, 203
기능분석 35, 95, 98, 120, 140, 176, 205-206

기능분석정신치료 207-208
기둥 107-109 개방성, 능동성, 알아차림도
  참조
기적질문 161
깔끔한 고통 143-144

ㄴ

나다움 63
나침반 89, 91, 124, 126, 157-158
노출 42, 52, 73, 91, 168-170, 213
능동성 78, 91, 95, 107-109, 117, 203, 249

ㄷ

다가가는 행동/움직임 29, 35-36, 60, 232-
  233 개선행동도 참조
  개입 구조화 173, 175
  실전 의사결정 209, 211, 220, 228
  평가와 공식화 105, 116, 117-118, 122-123,
  124-126
  ACT 과정을 진행하는 기법 144, 152, 164,
  166-167, 168
  ACT의 핵심 과정 68, 72, 78, 80, 83, 85, 88,
  91-92
닻 129, 134, 238
대인관계 40, 141, 207-208, 237, 246
동반이환 190
두 개의 산 234
등위관계 48-49, 51-52, 61, 126, 198
등위구성틀 48, 61, 103, 132, 139, 144, 235
딴생각 알아차리고 되돌아오기 251-253

ㅁ

마음챙김 47, 58, 77, 79, 101, 128-129, 130,
  133-135, 136, 157, 159, 164-165, 173, 176,
  179, 201, 232, 235, 237-238, 252
만성 폐쇄성 폐질환 135
맥락 39-40, 217-218, 230

맥락감수성 214, 242
맥락행동과학 31, 207, 254-255
맥락행동과학회ACBS 203, 255
명상 128, 133
모델링 156, 209, 212, 214, 239, 245, 247, 248-
  250
무조건반응과 무조건자극 24
문제행동 194, 208, 209 물러나는 행동/움직
  임도 참조
문화 198-199
물러나는 행동/움직임 92, 130, 168-169,
  182, 209, 227 문제행동도 참조
  평가와 공식화 116, 118, 122-123, 124-126
미국정신의학회 191

ㅂ

반대구성틀 144
버스 안의 승객들 104, 155, 178, 179-180
범진단적 37, 110
변별 70-71, 75, 118, 123, 131, 137, 138-139,
  143, 151
변증법적 행동치료 23
보편적 인간성 211, 235
부정적 강화/부정적 처벌 27
불안 26, 46, 61, 99, 103, 113, 120, 124, 214
  ACT 과정 66, 72-73, 83, 90, 91-92
  ACT 과정을 진행하는 기법 131-132, 136,
  148-150, 155-156, 164-165, 168
불안장애 72
불인정 151
비교준거구성틀 211
비판단 40, 77-78, 101, 107

ㅅ

사회적 고립 194-195
상호연결성 76
상호함의 48

생각하기 모드 79
선행조건 26, 98, 205-206
선행조건-행동-결과 98 ACT 분석도 참조
소거 28
수반성 41, 71, 107, 233, 241, 245
수용 107, 117, 173, 199, 201
  치료적 과정에서의 이슈 232, 249
  ACT의 핵심 과정 76-78, 83-84
  ACT 과정을 진행하는 기법 136, 143-144, 148, 155, 165
수용과 행동 질문지-II 224
시간관계 49
실용주의 219
심리적 경직성 76, 105
심리적 고통 190-191, 196, 200, 203
심리적 유연성 20, 68-69, 72, 76, 107-109, 168, 232, 243, 248

ㅇ

안전지대 66, 122, 164-165, 197, 251
알아차림 78, 107-109, 128-129, 130-131, 175, 248-249 기둥도 참조
억제학습 168
언어학습 100-101
언어행동 44, 47
여기와 저기 63
연합학습 24-25
욕구기능 82, 90, 136, 206
욕구자극 71
욕구통제 29-30, 35, 122-123
웰빙 193, 194
위계관계 50
융합 63, 76, 84, 85-87, 105, 121, 225, 239-241, 244-245
은유 102-104, 113-114, 136-137, 177-178, 229-230
응종 213

의료모형 200-201
인생경로 단계 181-183
인지과학 23
인지융합 61-62, 63, 67, 76, 105
인지치료 37, 98, 223
인지행동치료CBT 22-23, 50, 98
일관성 53-54, 219-220
임의로 적용된 파생관계 반응 47

ㅈ

자극기능의 변형 51-52
자기
 개념화된 78, 107-108, 140
 과정으로서의 81
 관찰하는 50, 138, 222, 248
 내용으로서의 76, 81-82
 맥락으로서의 76-77, 81-82, 136-137, 176, 179, 248-249
 지시적 81
자기개방 212, 234-236
자기자비 40, 218, 235, 241, 247
자기확신 246
자기회의 246-247
자기효능감 58
자동적 반응 67, 102, 175, 177-178, 208
  ACT 과정을 진행하는 기법 129, 130, 146, 148
자동적 사고 57-58, 151
자동적 행동 233
자살행동 192
전념 169, 173
전념행동 76-78, 91-92, 164-165, 250
조건반응과 조건자극 24-25
조망수용 50, 108, 140-142
존재하기 모드 79, 138
종이 두 장 118
종이의 양면 144, 155-156

줄다리기 145-147
중립자극 24-25, 51
중심 은유 177-178, 179
즉물성 61
지시관계 50
지시적 유연성 136
지시학습 100-101
지저분한 고통 121, 143-144
진단분류체계 37
진실 33-34, 219-220

ㅊ

차이니즈 핑거 트랩 102-103, 113, 143, 148-150, 155, 177, 그림 37.1
참치 어부 230
창조적 절망감 113-114, 115, 173
체화 155-156
초점화된 ACT FACT 110
최고의 순간 10가지 159-160
추적 64, 70-71, 214 규칙지배행동도 참조
취약성 82, 157-158, 205, 209
치료자 융합 239-241
치료적 과정 247
치료적 입장 187, 196-197

ㅌ

탈융합 136, 151-152, 155, 165, 249
  ACT 과정 76-78, 85-87
통제 의제 58, 113, 117

ㅍ

파괴적 정상성 191-192, 198
펜을 잡기 227-228
포함관계 137, 139

ㅎ

하늘과 날씨 136, 138-139

학습 이력 22, 29-30, 31, 36, 205-206
학습을 되돌리기 221
합리정서 행동치료 98, 223
해결중심치료 161
행동 다가가는 행동/움직임과 물러나는 행동/움직임도 참조
  강박 35-36, 37-38
  기능 35-36
  늘리기 223-224
  줄이기 223-224
행동 레퍼토리 36, 56, 59, 72-73, 103, 168, 206, 223-224, 233
행동과학 19, 22
행동주의 19, 22-23, 25, 122
행동활성화 73, 77, 91
핵사플렉스 76-78, 91, 115, 117, 173, 176, 178, 그림 27.1
현재 순간과의 접촉 79-80, 128-129, 130, 169, 248
현재 순간에 머무르기 237-238, 243
혐오기능 82, 90, 131, 136, 151
혐오자극 26, 71
혐오통제 29-30, 35-36, 99, 122-123, 124, 233
회기 과정 172-174
회복탄력성 92, 107
효용성 87, 107, 111, 115-116, 143, 152, 157, 180, 200-201

숫자

3개의 T 111
3분 호흡 공간 134

알파벳

맥락행동과학회 ACBS 203, 255
ABC 분석 98, 205-206 선행조건-행동-결과도 참조

ACT 매트릭스 118, 124-126, 243 그림 46.1
ACT 모형 117-119, 248-250, 254-255

인명

M. 스캇 펙 M.Scott Peck 239
가레스 홀먼 Gareth Holman 208
대니 펜맨 Danny Penman 133
데이비드 길랜더스 David Gillanders 181
러스 해리스 Russ Harris 138, 251
로버트 새폴스키 Robert Sapolsky 56
루이즈 맥휴 Louise McHugh 63
마일즈 데이비스 Miles Davis 218
마크 윌리엄스 Mark Williams 133
마크 트웨인 Mark Twain 59
버러스 F. 스키너 Burrhus F. Skinner 22, 44, 74
벤자민 프랭클린 Benjamin Franklin 213
스티븐 헤이즈 Steven Hayes 57, 61, 176, 192
아론 T. 벡 Aaron T. Beck 23, 33, 37
앨버트 앨리스 Albert Ellis 23, 166
에릭 모리스 Eric Mrris 168, 255
이반 파블로프 Ivan Pavlov 22, 24
존 B. 왓슨 John B. Watson 22
커크 스트로샐 Kirk Strosahl 84, 110
켈리 윌슨 Kelly Wilson 192, 227
크리스틴 네프 Kristen Neff 235
토비아스 룬드그렌 Tobias Lundgren 181
패트리샤 로빈슨 Patricia Robinson 110
페마 초드론 Pema Chödrön 138
폴 플랙스만 Paul Flaxman 118
피터 블랙번 Peter Blackburn 225
헬레네 니센-리 Helene Nissen-Lie 246

ACT의 100가지 핵심 개념과 기법

첫판 1쇄 펴낸날 2022년 10월 31일

지은이 리처드 베넷, 조셉 E. 올리버
옮긴이 나경세
디자인 신미경

펴낸곳 해피한가 | **펴낸이** 김완규
출판등록 2021년 2월 22일 제385-2021-000011호
주소 경기도 안양시 동안구 시민대로 230 평촌아크로타워 B305-150 (우편번호14067)
이메일 happy_han-ga@naver.com

ⓒ해피한가, 2022
ISBN 979-11-974869-6-8 (13180)

* 이 책의 판권은 지은이와 해피한가에게 있습니다.
* 이 책 내용의 전부 또는 일부를 재사용하려면 반드시 양측의 서면 동의를 받아야 합니다.